Brigitte Theler

Astrologische Partnerschafts-Fibel

Brigitte Theler

Astrologische
Partnerschafts-Fibel

Edition Astrodata

Bildnachweis: Astrodata: *S. 16, 39, 41, 43, 45, 47, 49, 51, 53, 55, 57, 59, 61*. Edition Astrodata: *S. 7, 15, 19 (Aquiis), 28 (Aquiis), 33, 36, 69, 71, 104 (Aquiis)*. Image Bank: *S. 21, 23, 25, 27, 73, 75, 77, 81, 83, 87, 89*. Metropolitan Museum of Art, New York: *S. 34*. Ringier: *S. 79 (RDB/Torricelli), S. 85 (RDB/Vredenbregt), S. 91 (RDB/Aebi), S. 93 (RDB/Voser)*. **Umschlag:** Edition Astrodata (unter Verwendung des Bildes «Psyche und Amor» von François Gérard, Musée du Louvre).

2. Auflage 2001

Korrektorat: Carmen Scheifele
Druck: J. P. Himmer GmbH, D-Augsburg

ISBN 3-907029-62-3

Inhalt

Vorwort

Frosch sucht Prinzessin!

Angesichts der hohen Scheidungsraten und einer stetig zunehmenden Zahl an Singles gewinnt man nicht den Eindruck, dass der zwischenmenschliche Bereich zu den einfachen Dingen im Leben zählt. Was von der Werbe- und Unterhaltungsindustrie häufig idealisiert und als leicht und spielerisch dargestellt wird, gehört in Wirklichkeit wohl nach wie vor zu den grossen Herausforderungen, denen wir uns im Laufe des Lebens stellen müssen. Dennoch ist der Kontakt und die Verbindung mit einem Du ein so starkes menschliches Grundbedürfnis, dass wir ihm trotz Enttäuschungen und Fehlschlägen früher oder später immer wieder nachgeben. Dahinter steckt nicht zuletzt die Suche nach uns selbst. So betrachtet ist die Partnerschaft eine grossartige Bühne der Selbsterkenntnis, die einzigartige Möglichkeiten für wichtige Schritte auf dem Weg der Ganzwerdung bietet. Wenn wir bereit sind, uns innerhalb einer Beziehung mit unseren eigenen Schattenseiten ebenso auseinanderzusetzen wie mit den Schwächen des Partners, können Beziehungskrisen nicht nur unser persönliches Wachstum fördern, sondern auch zu einem tieferen Verstehen und Erleben innerhalb der Partnerschaft führen. Auch in der astrologischen und der psychologischen Beratungspraxis stehen Fragen zu Liebe und Partnerschaft meist an erster Stelle. Dabei handelt es sich um ein sehr komplexes Thema, und die häufig auftauchende Frage nach dem idealen Partner oder der idealen Partnerin lässt sich selten eindeutig beantworten. Zum einen, weil un-

ser Beziehungsverhalten von mehreren Faktoren im Horoskop beeinflusst wird, und zum andern, weil es von unserer Bereitschaft abhängt, uns auf einen Menschen einzulassen, der gewiss nicht in jeder Lebenslage unseren Idealvorstellungen entspricht. Oft muss man tatsächlich viele Frösche küssen, bis endlich ein Prinz dabei herauskommt, und nicht jede Märchenprinzessin hält, was sie verspricht! Doch selbst wenn wir unsere bessere Hälfte tatsächlich gefunden haben, bedeutet Beziehung immer auch ein gutes Stück harte Arbeit. Oft sind es die elementaren Dinge, über die wir immer wieder stolpern, und manchmal helfen schon wenige Informationen, damit uns ein Licht aufgeht und wir zumindest die grössten Fehler nicht länger wiederholen. Gerade dabei kann die Astrologie wertvolle Hilfe leisten, denn in jedem Horoskop gibt es bestimmte Konstellationen, die zuverlässige und wertvolle Wegweiser durch den Beziehungsdschungel sind.

In der Partnerschaftsastrologie geht es deshalb in erster Linie darum, Gemeinsamkeiten und Ergänzungen zweier Horoskope aufzuzeigen, aber auch darum, deren Unterschiede herauszuarbeiten und vor allem für Konfliktpunkte kreative Lösungen zu finden.

Dieses Buch soll auf einfache, verständliche Art helfen, sich die eigenen Wünsche und Erwartungen an eine Partnerschaft bewusster zu machen und gleichzeitig auch mehr Verständnis für die Bedürfnisse anderer aufzubringen. Es bietet zudem einen Überblick über die verschiedenen Methoden und Techniken der Partnerschaftsastrologie.

Zürich, im Januar 1999

Brigitte Theler

Partnerschaft im Horoskop

Schritt für Schritt

Um ein umfassendes Bild einer Beziehungsthematik zu erhalten ist es sinnvoll, mehrere Betrachtungsweisen miteinander zu kombinieren. Wie Sie das mit Hilfe dieses Buches tun können, zeigt Ihnen der folgende Überblick.

1. Berechnen Sie gemäss dem Schlüssel auf S. 17, welchem Elementetypus Sie angehören, um zu erfahren, wie Sie grundsätzlich veranlagt sind und wie Sie auf andere Elemente reagieren (S. 20ff.). Sie können natürlich auch einfach alle vier Elementetypen durchlesen, um zu sehen, wo Sie sich am ehesten wiedererkennen.
2. Bestimmen Sie dann mit dem gleichen Schlüssel Ihr fehlendes oder schwächstes Element, um herauszufinden, welche elementare Ergänzung Sie bei Ihrem Partner/Ihrer Partnerin suchen, aber auch welche Qualitäten eventuell zu Ihrem Feindbild gehören. (S. 29ff.) Oder Sie lesen die entsprechenden Beschreibungen durch, um so festzustellen, welches Ihr fehlendes oder schwaches Element ist.
3. Aufgrund der Zeichenstellung von Venus und Mars können Sie etwas über Ihr persönliches Beziehungsverhalten erfahren. Ausserdem prägen diese beiden Planeten auch Ihr Selbst- und Suchbild in Partnerschaften. (S. 38ff.)
4. Die Aspekte der langsam laufenden Planeten zu Venus zeigen Ihnen darüber hinaus noch die Einflüsse, die unterstützend oder hemmend auf Ihr Bedürfnis nach partnerschaftlichem Austausch wirken. (S. 65ff.)
5. Stellen Sie nun fest, welches Zeichen an der Spitze Ihres siebten Hauses steht. Das ist Ihr Deszendent, der Ihre anfänglich meist unbewussten Erwartungen an eine Beziehung spiegelt

und zugleich eine notwendige Ergänzung Ihrer Persönlichkeit darstellt. Das Thema des Deszendenten kann sich in Ihnen möglicherweise auch als Feindbild konstellieren. (S. 70ff.)

6. Überprüfen Sie dann, ob und allenfalls welche Planeten im siebten Haus stehen. Dic entsprechenden Qualitäten und Eigenschaften werden besonders leicht projiziert, so dass Sie diese nicht bei sich, sondern vorwiegend bei andern wahrnehmen. Daher stehen auch Erwartungen und Wünsche an eine Beziehung sowie häufig gemachte Erfahrungen im partnerschaftlichen Bereich in Zusammenhang mit diesen Planetenenergien. (S. 94ff.)

Neben diesen primären Beziehungsfaktoren sind aber auch abgehängte Planeten, eingeschlossene Zeichenachsen und Planetenballungen in einem Haus häufig ein wichtiger Hinweis darauf, was bei einem Partner/einer Partnerin gesucht wird, weil es sich hier entweder um schwer zugängliche Qualitäten oder noch zu entwickelnde Fähigkeiten handelt, die anfänglich zumeist als Projektion gelebt werden.

Natürlich kann man auch Planeten, die keine klassischen Beziehungsfaktoren darstellen, unter partnerschaftlichen Gesichtspunkten betrachten und ihnen entsprechende Aussagen entnehmen. Die nachfolgenden Beschreibungen sollen kurz aufzeigen, wie sich deren Energien speziell in Beziehungen manifestieren können. Venus und Mars, als eigentliche Beziehungsplaneten, werden in einem eigenen Kapitel später noch ausführlicher beschrieben.

Die Planeten als Beziehungsthema

☉ Sonne

Die Sonne zeigt die Art und Weise, in der wir unsere Persönlichkeit zum Ausdruck bringen, und den Lebensbereich, in dem wir uns gemäss unserer Wesensart am besten verwirklichen können. Im Horoskop eines Mannes steht sie zusammen mit Mars für dessen Selbstbild, das heisst für sein Selbstverständnis als Mann und zeigt auch die persönliche Einstellung zur Vaterrolle. Im weiblichen Horoskop repräsentiert sie unter anderem einen Teil des männlichen Suchbildes, also das, was die Frau bewusst beim anderen Geschlecht sucht, und dabei vor allem den väterlichen Aspekt.

☾ Mond

Der Mond zeigt, was wir brauchen, um uns wohl und geborgen zu fühlen. Er steht für unser Bedürfnis nach seelischer Nähe, nach einem Zuhause, und zeigt unser Verhältnis zu Familie und Kindern sowie unsere Bereitschaft, andere zu umsorgen. In bezug auf Partnerschaft beschreibt er, in welcher Atmosphäre wir uns emotional öffnen können. Im weiblichen Horoskop ist er zusammen mit der Venus ein Aspekt des Selbstbildes und zeigt auch die persönliche Einstellung zur Mutterrolle. Im männlichen Horoskop repräsentiert er unter anderem den mütterlichen Aspekt des weiblichen Suchbildes.

☿ Merkur

Merkur beschreibt, wie wir kommunizieren, uns orientieren, wie wir denken, uns ausdrücken und Kontakt aufnehmen. Er gibt darüber Auskunft, welche Interessen im Vordergrund stehen und worüber wir gerne mit anderen reden. Zudem zeigt die Merkurstellung, wie man unsere Aufmerksamkeit gewinnen kann und welche «Sprache» wir sprechen. Nicht zuletzt lässt er erkennen, welche Art der Argumentation uns in Diskussionen und Auseinandersetzungen am nächsten liegt und auf welche Weise wir uns dabei Gehör verschaffen.

♀ Venus

Venus ist der eigentliche Beziehungsplanet und beschreibt, wie wir Verbindungen eingehen und welche Form der Partnerschaft wir bevorzugen. Sie steht für Erotik und Genussfähigkeit, die Lust am Flirten, Geschmack und Umgangsformen und zeigt, auf welche Weise wir uns gewinnen lassen. Darüber hinaus lässt sie erkennen, in welchem Bereich wir Harmonie anstreben und anpassungsbereit sind. Im weiblichen Horoskop steht sie zudem, zusammen mit dem Mond, für einen Aspekt des Selbstbildes, im Sinne der jungen Frau. Im männlichen Horoskop repräsentiert sie auch einen Teil des Suchbildes und zeigt, welcher Frauentyp als attraktiv empfunden wird.

♂ Mars

Mars beschreibt unseren Eroberungsstil, unsere Durchsetzungskraft und die Art und Weise, wie wir Konflikte austragen. Er symbolisiert unser Triebleben und Sexualverhalten und beschreibt, was uns diesbezüglich stimuliert. Im Marsbereich wollen wir uns durchsetzen, deshalb fällt es uns hier schwerer als sonst, auf die Bedürfnisse der andern Rücksicht zu nehmen. Im männlichen Horoskop steht er zudem, zusammen mit der Sonne, für einen Aspekt des Selbstbildes, im Sinne des jungen Mannes. Im weiblichen Horoskop repräsentiert er auch einen Teil des Suchbildes und zeigt, welcher Männertyp sexuell als attraktiv empfunden wird.

♃ Jupiter

Jupiter steht im Horoskop für Sinnsuche und Sinnfindung, für Grosszügigkeit, Wachstum und Optimismus, aber auch für Bequemlichkeit und massloses Verhalten. Er beschreibt unser Bedürfnis, die eigenen Horizonte zu erweitern, uns zu bilden und geistig auseinanderzusetzen. Allerdings verführt er uns auch zu ausschweifendem Verhalten und nährt überhöhte Glückserwartungen. In dem Bereich, wo Jupiter steht, fällt es uns leicht, anderen etwas zu gönnen, weil wir nicht befürchten müssen, selbst zu kurz zu kommen. Dadurch werden wir uns hier auch dem Partner gegenüber in der Regel grosszügig und tolerant verhalten.

♄ Saturn

Mittels der Stellung von Saturn lässt sich erkennen, wo Ängste und Hemmungen zu einem zwanghaften oder starren Verhalten führen können. Oft erleben uns andere in diesem Bereich zumindest anfangs reserviert, steif oder sogar ablehnend. Tatsächlich haben wir hier ein hohes, wenn nicht sogar überhöhtes Sicherheitsbedürfnis und klare, aber eher enge Vorstellungen darüber, wie dieser Bereich zu gestalten ist. Entsprechend gering ist unsere Toleranz, und für Experimente bleibt nicht viel Raum. Andererseits steht Saturn aber auch für Klarheit und zeigt, wo wir auch innerhalb einer Partnerschaft verantwortungsbewusst, belastbar und zuverlässig sind.

♅ Uranus

Wo Uranus im Horoskop steht, brauchen wir viel Freiheit. Die Lust zu experimentieren ist dort so ausgeprägt, dass wir viel Verständnis vom Partner verlangen und Einschränkungen oder Intoleranz nur schwer ertragen. Auch verhalten wir uns in diesem Bereich eher unruhig und sind immer wieder versucht, aus der Norm auszubrechen. Es ist der Punkt, wo unsere Angst, an Individualität einzubüssen, am grössten ist, weshalb wir dort immer wieder Versuche unternehmen, uns auch innerhalb der Beziehung genügend Freiräume zu erhalten.

♆ Neptun

Wo Neptun im Horoskop steht fällt, es häufig schwer, uns gegen die Ansprüche des Partners abzugrenzen. Dies kann dazu führen, dass wir uns dort immer wieder missverstanden oder in unseren Bedürfnissen nicht genügend wahrgenommen fühlen. Zugleich haben wir in diesem Bereich auch eine erhöhte Neigung, uns täuschen zu lassen und uns symbiotisch zu verhalten. Dadurch geraten wir in Abhängigkeit und werden möglicherweise zum Opfer unseres Bedürfnisses nach absoluter Vereinigung. Andererseits verleiht uns Neptun aber auch grosses Einfühlungsvermögen für die Anliegen anderer und die Fähigkeit, uns einem Menschen oder einer Sache aus tiefster Seele hinzugeben.

Pluto

Wo Pluto im Horoskop steht, geht es um Macht, tiefgreifende Wandlungsprozesse, leidenschaftliches Engagement und extreme Erfahrungen. Er steht für Intensität, aber auch für zwanghaftes Verhalten und bringt die dunklen Seiten unserer Persönlichkeit ans Licht. Dadurch neigen wir hier auch in Beziehungen zu Überreaktionen und zumeist subtilen Machtspielen. Gerade weil uns die Begegnung mit dem eigenen Schatten schwerfällt, projizieren wir diesen oftmals auf einen Partner und bekämpfen ihn dort mit aller Heftigkeit.

Chiron

Chiron symbolisiert im Horoskop unsere Wunde, die nicht heilen kann, weil wir zwei unterschiedliche Bedürfnisse als nicht vereinbar erleben. Tatsächlich konfrontiert uns Chiron immer wieder mit einer Schwachstelle, die nicht zu ändern, sondern einfach zu akzeptieren ist. Durch solch schmerzliche Erfahrungen geschwächt, erleben wir im Bereich, in dem Chiron steht, auch in Beziehungen eine erhöhte Angst, vom Partner verletzt zu werden, was zeitweise zu Rückzugstendenzen führen kann. Wir befürchten, dass es im Austausch mit anderen zu einem Ungleichgewicht kommen könnte oder unsere Vorstellungen einer idealen Verbindung nicht der erlebten Wirklichkeit entsprechen. Andererseits zeigt Chiron aber auch, wo wir andern eine wertvolle Stütze sein können.

Lilith

Im Bereich von Lilith machen wir oft die Erfahrung, grosse Opfer bringen zu müssen. Hier fühlen wir uns auch durch den Partner schnell an den Rand gedrängt und neigen zu Verweigerung, aus Angst zu unterliegen. Gleichzeitig zieht uns Lilith geradezu magisch an. Die Dunkelheit, durch die sie uns zur Initiation führen kann, ist faszinierend und bedrohlich zugleich. So kommt es in ihrem Bereich auch in der Partnerschaft immer wieder zu Kämpfen um Dominanz und Unterwerfung, um Nähe und Distanz. Andererseits haben wir gerade durch diese ständige Herausforderung die Chance, verborgene Persönlichkeitsanteile zu entfalten und uns dadurch ein Stück näherzukommen.

Die vier Elemente

Wer passt zu wem?

Zu den wichtigsten Grundpfeilern der Astrologie gehören die vier Elemente Feuer, Erde, Luft und Wasser. Wie viele andere Vierteilungen symbolisieren sie gemeinsam die Ganzheit. Grundsätzlich sind in jedem Horoskop alle vier Elemente vorhanden, wenn auch, je nach Besetzung durch Planeten, Aszendent und Medium coeli, in individuell unterschiedlicher Ausprägung. Gemäss der Typenlehre von C. G. Jung bringen wir eines der vier Elemente von Anfang an besonders stark zum Ausdruck, zwei weitere entfalten wir mehr oder weniger prägnant, während uns das vierte fremd bleibt und uns, zumindest in der ersten Lebens-

hälfte, weitgehend unbewusst ist. Wie die vier Elementartypen im Menschen gewichtet sind, zeigt sich vor allem durch die Zeichenstellung der Planeten und des Aszendenten.

Zur Berechnung gibt es unterschiedliche Punktesysteme, die allerdings, wie alle Formeln, nicht umfassend sind und daher nur als erste Orientierungshilfe gelten können. In allen Fällen kommt der Zeichenstellung der persönlichen Planeten Sonne, Mond, Merkur, Venus und Mars sowie des Aszendenten eine grössere Bedeutung zu als derjenigen der übrigen Planten. Das dominante Element – die Hauptfunktion nach C. G. Jung – ergibt sich also nicht etwa zwingend aufgrund des Sonnenzeichens. Es ist vielmehr das Element, in dem sich die meisten persönlichen Planeten

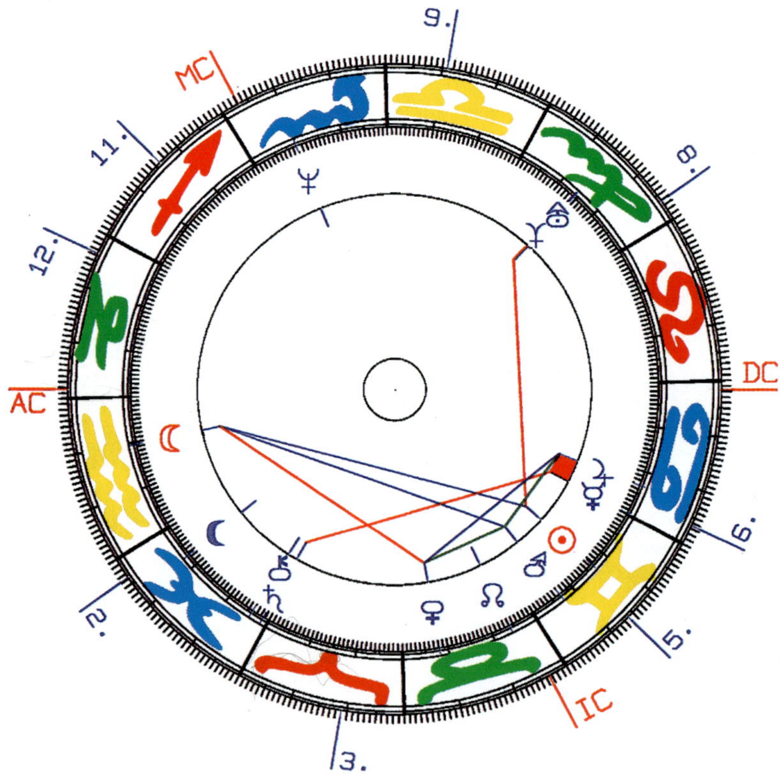

Caroline: 7. 6. 1966, 23.00 LT, 22.00 GT, CH-Zürich

befinden. Folgender Schlüssel kann Aufschluss über die individuelle Mischung geben, also darüber, in welchem Verhältnis die Elemente im Horoskop verteilt sind.

Sonne, Mond	**=**	**2 Punkte**
AC, Merkur, Venus, Mars, Jupiter, Saturn	**=**	**1 Punkt**
Uranus, Neptun Pluto	**=**	**$^1/_2$ Punkt**

Ein Beispielhoroskop

Caroline, 7. Juni 1966, 23.00 Uhr, Zürich, Schweiz

Auszählung

Feuer: 0 Punkte
Erde: 3 Punkte
Luft: 5 Punkte
Wasser: $3^1/_2$ Punkte

Stärkstes Element: Luft
Schwächstes oder fehlendes Element: Feuer

Beziehungsthema: Venus in Stier
Venus im dritten Haus
Aspekte zu Venus: Quadrat Mond, Sextil Jupiter
Selbstbild: Wassermann (Mond) und Stier (Venus)
Suchbild: Zwillinge (Sonne) und Zwillinge (Mars)
Aszendent Steinbock / Deszendent Krebs
Keine Planeten im siebten Haus

Elementare Beziehungswünsche

Die Zuordnung zu einem der vier Elementartypen sagt etwas über unsere Grundveranlagung, unsere starke Seite, unser Temperament aus. Natürlich prägen diese Eigenschaften auch unser Verhalten in Beziehungen. Je nachdem, welche Qualitäten wir persönlich stark entwickelt haben, werden wir auch entsprechend unterschiedlich auf andere Elementartypen reagieren. Nun macht der Volksmund bekanntlich zwei sehr verschiedene Aussagen über eine ideale Beziehung. Zum einen heisst es, «gleich und gleich gesellt sich gern», zum anderen spricht man davon, dass Gegensätze einander anziehen. Was trifft nun zu?

Der folgende Abschnitt soll aufzeigen, dass aus astrologischer Sicht sowohl der Gleichklang wie auch die Gegensatzspannung Menschen einander näherkommen lässt. Grundsätzlich gibt es nicht bessere oder schlechtere Verbindungen unter den Elementen oder Zeichen, sondern einfach sehr unterschiedlich geprägte Beziehungsformen. Während die einen eher das harmonische Miteinander suchen, erleben andere gerade in der Gegensatzspannung einen besonderen Reiz.

Gleich und gleich gesellt sich gern

Nach traditioneller Lehre sind es jeweils zwei Elemente, die gut zueinander passen. Dabei handelt es sich zum einen um die männlichen, extrovertierten Feuer- und Luftzeichen, zum andern um die weiblichen, introvertierten Erd- und Wasserzeichen. Natürlich fühlen wir uns mit Menschen mit gleichem oder ähnlichem Temperament schneller vertraut als mit denjenigen, die sich zumeist völlig anders verhalten als wir selbst. Zwischen Menschen mit ähnlicher Ausprägung der Elementestruktur ergeben sich leicht Anknüpfungspunkte, und man findet auf natürliche Weise zu einem gemeinsamen Rhythmus. Da sich der eine problemlos in das Leben des anderen einfügen kann, gibt es auch im täglichen Miteinander keine grösseren Umstellungen, Einschränkungen oder Irritationen. Das Zusammensein mit einem solchen Menschen vermittelt häufig den Eindruck, als würde man sich schon lange kennen. Das Vertraute wirkt wie ein «Wiedererkennungseffekt», der das Gefühl vermittelt, alles sei in Ordnung. Für Freundschaften ist diese «gleiche Wellenlänge» sicher eine gute Basis, und auch Gruppen und Cliquen bestehen häufig aus Gleichgesinnten, die zusammen Sport treiben, ein Hobby pflegen oder sich für gemeinsame Ziele engagieren. Was Liebesbeziehungen anbelangt, kann es bei diesen Gleich-und-gleich-Verbindungen mit der Zeit aber schon mal an der nötigen Spannung fehlen, weil es an neuen, belebenden Impulsen mangelt. Vor allem auf die Sexualität kann sich dies ermüdend auswirken. Andererseits mögen hierbei genügend Übereinstimmungen bestehen, die diese Beziehungen dennoch dauerhaft machen können. Geht eine solche Verbindung aber einmal auseinander, haben oft beide Partner das Bedürfnis, auch weiterhin in freundschaftlichem Kontakt zu bleiben, da viele gemeinsame Interessen vorhanden sind und man sich zusammen nach wie vor wohl fühlen kann.

Der Feuertypus

Betonung der Zeichen Widder, Löwe, Schütze

Bei Feuermenschen herrschen Optimismus, Enthusiasmus und Begeisterungsfähigkeit vor. Ihr Mut zum Risiko, der starke Glaube an sich selbst und ihre unerschöpfliche Energie lassen sie manch hohes Ziel erklimmen. Sie vertrauen der Kraft ihrer Intuition, folgen ihrem Willen, ihren starken Überzeugungen und machen sich bei alledem immer wieder gerne zum Zentrum des Geschehens. Beachtung ist ihnen wichtig, und so setzen sie sich gern und meistens auch gekonnt in Szene. Am Anfang sind sie stark, und neue Herausforderungen bringen ihr Blut in Wallung. Doch dann fehlt ihnen oft der lange Atem, und so überlassen sie die konkrete Umsetzung oder Fertigstellung ihrer Projekte häufig andern. Routinearbeit ist nun mal nicht ihre Sache, da diese keinen Platz für spontane Aktionen lässt und zudem ihren Freiheitsdrang einschränkt. Menschen, in deren Horoskop die Feuerzeichen vorherrschen, greifen lieber aktiv ins Leben ein, als geduldig abzuwarten und zu nehmen, was auf sie zukommt. Dabei hat ihre erfrischende Direktheit, die sich bisweilen mit kindlicher Spontaneität verbindet, etwas durchaus Gewinnendes. Bei mangelnder Selbstkontrolle können sie allerdings schon mal andere ungeduldig überrennen und emotional verletzen oder, wenn auch ungewollt, durch ihre Unvorsichtigkeit Schaden anrichten.

In der Partnerschaft sind sie in der Regel die treibende Kraft. Sie schätzen ein aufregendes, dynamisches Leben und suchen weniger ein warmes Nest als vielmehr jemanden, mit dem sie immer wieder Neues ausprobieren können. Ihr Tatendrang sowie ihre optimistische Lebenseinstellung wirken ansteckend, und der Alltag mit ihnen ist reich an spontanen Impulsen, bisweilen aber auch sehr spannungsvoll und unberechenbar.

Die vorsichtigen **Erdzeichen** bringen den Feuermenschen schnell einmal in Rage, obwohl deren Bedächtigkeit und Objekti-

vität ein gutes Gegengewicht zu seinem ungestümen, feurigen Temperament bilden würden. Aber deren ewige Bedenken und Vorsicht, verbunden mit ihren Forderungen nach Regelmässigkeit und bedingungsloser Treue, ersticken immer wieder den Enthusiasmus des Feuertypus.

Ebenso fürchtet er, dass die Emotionalität der **Wasserzeichen** seine Flammen löschen könnte. Er weiss ganz einfach nicht, wie er auf deren Bedürfnisse nach familiärer Geborgenheit und romantischen Mondscheinspaziergängen reagieren soll, selbst wenn er, was Einfühlungsvermögen und Tiefgründigkeit anbelangt, von den Wasserzeichen viel lernen könnte.

Hingegen züngeln seine Flammen, durch die Ideen der **Luftzeichen** entfacht, in schwindelerregende Höhen. Deren unbekümmerte Art verträgt sich gut mit der spontanen Direktheit des Feuermenschen. Natürlich kann hier ein Zuviel auch einen Flächenbrand verursachen, der all die phantastischen Pläne binnen kurzer Zeit in Schall und Rauch aufgehen lässt.

Der Erdtypus

Betonung der Zeichen Steinbock, Stier, Jungfrau

Fakten, Erfahrungen, Ordnung und Struktur sind kennzeichnend für die Welt der Erdmenschen. Sie schätzen und verlassen sich am liebsten auf alles, was sie mit ihren Sinnen erfassen und überprüfen können. Heisse Spekulationen, abgehobene Theorien und ausufernde Phantasien verunsichern sie und machen sie misstrauisch. Lieber prüfen sie die Dinge zweimal, ohne sich dabei von noch so schönen Versprechungen beeindrucken zu lassen. Zwar sind sie in ihren Handlungen oft langsam und bedächtig, dafür aber beharrlich und ausdauernd. Haben sie sich einmal auf etwas eingelassen, verfolgen sie ihr Ziel geradlinig und konsequent. Sie lieben nun mal das Vertraute und Gewohnte, weil sie sich darauf verlassen können und genau zu wissen glauben, was dabei herauskommt. Mit Veränderungen tun sie sich entsprechend schwer. An ihrer Sturheit, der mangelnden Flexibilität und ihrem Widerstand gegen Experimente hat sich schon mancher die Zähne ausgebissen. Wenn ihr ausgeprägtes Sicherheitsbedürfnis überhand nimmt und sie zu sehr an ihrem Besitz und am Erreichten festhalten, besteht die Gefahr, dass ihnen dabei der Lebenssinn abhanden kommt. Der Mangel an Inspiration und Vision lässt dann jegliche Lebensfreude ersticken und führt zu innerer Erstarrung.

In der Partnerschaft suchen sie Halt und möchten auf Nummer Sicher gehen. So schätzen sie klare Verhältnisse und verbindliche Abmachungen. Manchmal dauert es etwas länger, bis sie sich auf etwas einlassen, haben sie es aber einmal getan, kann man wirklich auf sie zählen. Der Alltag mit ihnen ist geprägt von festen Ritualen und effizienter Planung, aber ebenso von genussvoller Gemütlichkeit und erholsamer Ruhe.

Mit den quirligen, unruhigen **Luftzeichen** tut sich der erdbetonte Mensch immer wieder schwer, weil sie seine klaren Struktu-

ren zu sehr durcheinanderwirbeln könnten. Darüber hinaus findet er es recht mühsam, sich auf deren «Hirnakrobatik» einzulassen. So prallen bei diesen beiden Typen Theorie und Praxis öfters aufeinander, sie könnten sich allerdings auch optimal ergänzen.

Mit den hitzigen **Feuerzeichen** lässt er sich ebenfalls nur zögernd ein. Deren ungestümes Vorwärtsdrängen empfindet er als unökonomisch und zu riskant. Zudem lässt deren Sprunghaftigkeit keine genaue Planung zu. Dabei würde es dem Erdtypus gut bekommen, wenn er sich von deren Spontaneität und Dynamik ein wenig anstecken liesse.

Die gefühlvollen **Wasserzeichen** erlebt er hingegen als angenehm befruchtend und erfrischend. Hier fliessen die Energien ruhig und beständig. Die Gefahr dieser Kombination liegt in der möglichen emotionalen Überflutung, welche die strukturierte Erde mit der Zeit auch in ein träges Sumpfgebiet verwandeln kann.

Der Lufttypus

Betonung der Zeichen Zwillinge, Waage, Wassermann

Luftbetonte Menschen bewegen sich mit Leichtigkeit in der Welt der Ideen, Theorien und gedanklichen Abstraktionen. Sie können blitzschnell kombinieren, logisch denken und leicht abstrahieren, versteigen sich aber bisweilen in ihren geistigen Höhenflügen und verirren sich in gedanklichen Labyrinthen. Nicht selten landen sie dabei in Utopia und experimentieren an Lösungen und Konzepten herum, die sich zwar innovativ und vielversprechend anhören, letztlich aber nur theoretisch funktionieren. Ihre Neugier und ihr Hunger nach immer neuen Informationen macht sie zu vielseitig interessierten Gesprächspartnern. Sie besitzen eine schnelle Auffassungsgabe und ein imposantes sprachliches Ausdrucksvermögen. Ihr grosses Bedürfnis nach Kontakt und Unterhaltung treibt sie von einem Ort zum andern, ohne dass sie sich irgendwo festsetzen oder allzulange verweilen. So gehen Luftmenschen zwar offen und freundlich auf andere zu, wirken dabei aber trotzdem immer etwas distanziert und kühl. Ihre Gedankengänge können sehr sprunghaft sein und sich auch nur an der Oberfläche bewegen. Sie sind die geborenen Vermittler, die sich und andere informieren, die Ideen kreieren, Selbstverständliches relativieren und in Frage stellen und dabei in der Regel allzu grosser Verbindlichkeit und Tiefe aus dem Weg gehen.

In der Partnerschaft suchen sie vor allem den geistigen Austausch. Sie freuen sich über gemeinsame Interessen und schätzen es, wenn ihr starker Freiheitsdrang respektiert wird. Solange die Verbindung auf Freiwilligkeit beruht und sich nicht nur auf traute Zweisamkeit beschränkt, können sie sich auch langfristig auf jemanden einlassen. Der Alltag mit ihnen ist unkompliziert, höchst unterhaltsam und abwechslungsreich, bisweilen allerdings auch etwas hektisch.

Mit den bodenständigen **Erdzeichen** tut sich der Luftmensch im wahrsten Sinne des Wortes schwer. Deren Neigung, die Dinge genau zu prüfen und Hirngespinste schonungslos zu entlarven, hat schon so manches seiner geschickt erbauten Luftschlösser auf dem harten Boden der Realität zerschellen lassen. Allerdings könnte er gerade von den Erdtypen lernen, wie man luftige Ideen in konkrete Taten umsetzt.

Die unergründlichen **Wasserzeichen** sind für ihn ein Buch mit sieben Siegeln, weil deren Gefühle mit Logik nicht zu fassen sind. Sie scheinen einfach nicht in seine rationale Welt zu passen. Dabei könnten gerade wasserbetonte Menschen ihm helfen, seine abstrakten Ideen zu beseelen und sie dadurch menschlicher zu machen.

Hingegen ermutigen und inspirieren ihn die aktiven, innovativen **Feuerzeichen** zu grandiosen Visionen. Er schätzt deren spontane und dynamische Art, auch wenn die impulsiven, kopflosen Handlungen feuerbetonter Menschen manchmal weit übers Ziel hinausschiessen und selbst für den Luftmenschen zu rasant sind.

Der Wassertypus

Stefan

Betonung der Zeichen Krebs, Skorpion, Fische

Wasserbetonte Menschen schwingen sich gefühlsmässig auf ihre Umwelt ein und reagieren höchst irritierbar auf Unstimmigkeiten in ihrer Umgebung. Ihre Antennen sind permanent auf Empfang geschaltet, was sie einerseits sehr sensibel für die Bedürfnisse anderer macht, ihnen aber gleichzeitig die Abgrenzung von Ausseneinflüssen erschwert. Dadurch können sie sich nur mit Mühe gegenüber den Erwartungen anderer verschliessen und werden so auch immer wieder von Energien beeinflusst, die nicht für sie bestimmt sind. Doch unterschätzt man sie leicht, vor allem, was ihr Durchsetzungsvermögen betrifft. Zwar verfolgen sie ihre Pläne nicht bestimmt und energisch, können aber eine hohe Zähigkeit entwickeln und erreichen ihr Ziel am Ende immer, wenn auch auf Umwegen und manchmal durch geschickte Manipulation. Sobald sie sich den Anforderungen der Aussenwelt nicht mehr gewachsen fühlen, ziehen sie sich schnell in ihr phantasievolles Innenleben zurück, um so der harten Wirklichkeit zu entkommen. Ihre Vorstellungskraft ist stark ausgeprägt und sehr inspirierend. Keiner kennt die Höhen und Tiefen seelischer Empfindsamkeit so gut wie sie, und aufgrund ihrer Tendenz, an Vergangenem festzuhalten, bleiben sie noch lange an Altem hängen, auch wenn die äussere Realität längst eine andere geworden ist. In der Kunst oder mittels der Hinwendung zu spirituellen Themen finden sie oftmals eine gute Möglichkeit, um ihrer Seelenkraft und der Sehnsucht nach dem verlorenen Paradies kreativ Ausdruck zu verleihen.

In der Partnerschaft suchen sie vor allem Nähe und emotionale Geborgenheit. Sie sind zu grosser Hingabe fähig und kümmern sich auch gerne um andere. Intensiven seelischen Austausch schätzen sie ebenso wie ein zärtliches Miteinander in einer geschützten Privatsphäre. Der Alltag mit ihnen kann zwar durchaus

chaotisch sein und grossen Schwankungen unterliegen, ist dafür aber alles andere als grau und phantasielos.

Den unruhigen **Luftzeichen** geht der Wassermensch lieber aus dem Weg, da sie ihm zuviel Wind machen oder mit ihrer Sprunghaftigkeit seine Wasseroberfläche zu sehr aufwühlen. Doch gerade deren frische Brise könnte seinem oftmals grüblerischen Wesen ein gutes Mass an unbekümmerter Leichtigkeit vermitteln.

Auch vor den spontanen **Feuerzeichen** nimmt er sich in acht, da sie mit ihrer Direktheit seine Gefühle schnell einmal verletzen. Zudem empfindet er deren starken Bewegungsdrang auf die Dauer zu anstrengend. Andererseits könnte gerade deren Optimismus und Lebensschwung ihn so manches Mal aus seinem Weltschmerz reissen.

Hingegen sucht der Wassermensch gerne die Nähe der ruhigen, klaren **Erdzeichen,** deren Beständigkeit und praktische Lebenseinstellung ihm Halt und Sicherheit vermitteln. Allerdings kann auch hier ein Zuviel an Struktur und Planung mit der Zeit seinen Gefühlsfluss blockieren und auf seine Stimmung drückend wirken.

Gegensätze ziehen sich an

In den meisten Horoskopen ist ein Element kaum oder gar nicht durch Planeten besetzt. Das bedeutet, dass uns diese Qualitäten und Veranlagungen weitgehend fremd sind, weil wir keinen angeborenen persönlichen Bezug dazu haben, uns sozusagen die «Kanäle» fehlen, um diese Energien zu empfangen. Um so mehr fühlen wir uns durch Menschen, die diese uns fehlenden Eigenschaften, aufgrund einer starken Ausprägung in ihrem Horoskop, selbstverständlich zum Ausdruck bringen, zunächst verunsichert und irritiert. Ihre völlig andere Art, das Leben anzugehen, ist für uns schwer nachvollziehbar. Immer wieder staunen wir, wie locker und selbstverständlich sie sich in Dingen auskennen, die uns bis anhin nicht interessiert haben, oder wie sie Situationen meistern, denen wir lieber ausweichen. Gerade im Andersartigen kann aber ein besonderer Reiz liegen, da die Auseinandersetzung mit Qualitäten, die uns weitgehend unbewusst oder wenig ver-

traut sind, die Chance zu persönlichem Wachstum birgt. Der Wunsch der Seele nach Ganzheit führt uns deshalb immer wieder instinktiv zu Begegnungen mit Menschen, die gerade diese uns fremden Qualitäten besonders stark entwickelt haben. Ob wir diese Anziehung in Form von Verliebtheit und Sympathie, als Fremdheit oder sogar als Feindbild und Antipathie erleben, ändert nichts an der Tatsache, dass wir durch die Begegnung mit ihnen tatsächlich Ergänzung finden. Wenn diese Anziehung allerdings zur Symbiose führt, entsteht kein echter Austausch, sondern nur gegenseitige Abhängigkeit, und wo zuviel Gegensatzspannung herrscht, kann keine Beziehung entstehen, da die Abstossungskräfte dann für eine Annäherung zu gross sind.

Um herauszufinden, welches Element uns fehlt, genügt es meist, festzustellen, welche Zeichengruppe am wenigsten von den sieben persönlichen Planeten (Sonne, Mond, Merkur, Venus, Mars, Jupiter, Saturn) und vom Aszendenten besetzt ist. Wie sich ein fehlendes Element als Schwachstelle, aber auch als Faszination oder Feindbild bemerkbar macht, wird in den folgenden Passagen beschrieben. Sie werden beim Durchlesen feststellen können, welches Element Ihnen oder jemand anderem fehlt.

Mangel an Feuer

Der Energiehaushalt läuft bei diesen Menschen auf Sparflamme. Sie kommen nur langsam in Schwung, und es mangelt ihnen oftmals an Dynamik, Motivation oder Begeisterungsfähigkeit, um aus eigenem Antrieb etwas anzufangen, geschweige denn mit der nötigen Überzeugungskraft durchzusetzen. Herausforderungen erleben sie leicht als Überforderungen. Manchmal geht ihnen im Leben der Sinn verloren, weil es ihnen an einer Vision und am Glauben an die Zukunft fehlt. Das Lebensgrundgefühl kann dadurch etwas Schweres bekommen und bisweilen auch pessimistische Züge tragen.

Um so mehr sind sie fasziniert von einem Menschen des Feuertypus, der vor Begeisterung sprüht, temperamentvoll, unternehmungslustig und risikofreudig ist. Durch ihn kommen Spannung und Abwechslung in ihr Leben. In seiner Gegenwart fühlen sie sich gestärkt, und sie bewundern seine Fähigkeit, sich immer und überall gekonnt in Szene zu setzen.

Allerdings kann ihnen der ständige Aktionismus des Feuers manchmal auch auf die Nerven gehen. Dann empfinden sie das Zusammensein mit diesen Menschen als äusserst anstrengend und kommen zum Schluss, dass Feuertypen sich nur so lange grosszügig zeigen, wie sie dafür im Mittelpunkt des Interesses stehen und genügend Bewunderung bekommen.

Mangel an Erde

Die Anpassung an die Erfordernisse des Alltags fällt diesen Menschen manchmal schwer, weil sie die Realität oft als ernüchternd, einschränkend oder einfach langweilig erleben. Der Umgang mit Geld kann ihnen ebenso Mühe bereiten wie die Wahrnehmung ihrer körperlichen Bedürfnisse. Verbindliche Zusagen oder konkrete Planung gehören nicht zu ihren Stärken, und gern weichen sie den Anforderungen des Lebens aus, indem sie sich in ihre Phantasien, Theorien oder einen ständigen Bewegungsdrang flüchten.

Um so mehr fühlen sie sich von einem Menschen des Erdtypus angezogen, der auch in schwierigen Situationen standfest bleibt und sich als verantwortungsbewusst, zuverlässig und lebenstüchtig erweist. Durch ihn kommt eine wohltuende Ruhe und Regelmässigkeit in ihr Leben. In seiner Gegenwart fühlen sie sich sicher und bewundern die Fähigkeit dieses erdhaften Menschen, die alltäglichen Probleme und Aufgaben pragmatisch und konsequent und mit gezielter Planung zu meistern.

Doch manchmal reagieren sie auch gereizt auf die sture Art und die konservative oder sogar spiessige Haltung der Erdtypen. Deren Pingeligkeit und einfallslose Nüchternheit empfinden sie dann als Schikane, die gerade im Alltag lästig, hinderlich und frustrierend sein kann.

Mangel an Luft

Wo es an Luft fehlt, mangelt es im Leben an einer gewissen Leichtigkeit und Flexibilität. Diesen Menschen fällt es schwer, zu abstrahieren oder komplexeren Gedankengängen zu folgen. Es ist ungewohnt für sie, die eigenen Handlungen mit der nötigen Distanz zu betrachten und kritisch zu hinterfragen. Sie tun sich schwer damit, ihre Gedanken und Meinungen zum Ausdruck zu bringen, oder es fehlen ihnen im entscheidenden Moment einfach die richtigen Worte. Nicht selten entlädt sich solche Sprachlosigkeit dann in aggressivem Verhalten.

Um so mehr lieben sie die Gegenwart eines Luftmenschen, dem die Ideen nie auszugehen scheinen, der unterhaltsam, belesen und zudem recht humorvoll sein kann. Durch ihn kommt Geselligkeit in ihr Leben, und mit ihm wird der Alltag nie zur Routine. Ausserdem bewundern sie seinen Einfallsreichtum und sein Geschick, sich den unterschiedlichsten Situationen blitzschnell anzupassen.

Das permanente Geschwätz und die Besserwisserei der Lufttypen bringt sie aber auch leicht zur Weissglut, und nicht selten entlarven sie deren scheinbar umfassende Bildung als reines Schlagzeilenwissen. Zudem erleben sie die Distanziertheit im persönlichen Umgang als irritierend, und sie misstrauen der übertriebenen Kontaktfreude, die sie ganz einfach als Oberflächlichkeit und Beweis von Treulosigkeit werten.

Mangel an Wasser

Menschen, denen es an Wasser fehlt, haben nicht nur Mühe, ihre Gefühle zum Ausdruck zu bringen, sondern es fällt ihnen auch schwer, ihre Bedürfnisse überhaupt wahrzunehmen. Oft spüren sie ihr Innenleben erst dann, wenn man sie konkret darauf anspricht. Ebenso mangelt es ihnen an der Fähigkeit, sich in andere einzufühlen, was sie im zwischenmenschlichen Austausch manchmal distanziert oder hart erscheinen lässt. Der Welt des Irrationalen stehen sie skeptisch und misstrauisch gegenüber, und auch für romantische Tagträume haben sie wenig übrig.

Um so mehr suchen sie die Nähe eines Wassertypen, der sein Herz auf der Zunge trägt, phantasievoll, einfühlsam und hilfsbereit ist. Durch ihn kommt Wärme und Tiefe in ihr Leben. In seiner Gegenwart fühlen sie sich emotional geborgen und zutiefst verstanden. Sie bewundern seine Fähigkeit, sich einer Aufgabe hingebungsvoll zu widmen und Gefühlen und Träumen auch künstlerisch Ausdruck zu verleihen.

Aber natürlich können sie sich auch an der chaotischen Lebensführung der Wassertypen reiben und deren Hang zum Leiden zutiefst ablehnen. Das Interesse an allem Irrationalen werten sie dann als Flucht vor der realen Welt, und sie entlarven deren emotionale Berührbarkeit als Verweichlichung und Weigerung, Verantwortung zu übernehmen und sich den alltäglichen Anforderungen zu stellen.

Die Beziehungsplaneten Venus und Mars

Venus und Mars gehören neben Sonne und Mond zum zweiten Yin-Yang-Paar im Horoskop. Sie bilden einen Gegenpol und beschreiben unterschiedliche Funktionen, die nur im Zusammenspiel ihren gesunden Ausdruck finden können. Somit stehen sie nicht grundsätzlich im Widerspruch zueinander, sondern können sich gegenseitig optimal ergänzen. In der Partnerschaftsastrologie haben sie eine zentrale Bedeutung. Dabei steht die Venus für das aufnehmende Prinzip, für den weiblichen Impuls, Verbindung herzustellen, zu harmonisieren und auszugleichen. Mars hingegen verkörpert den männlichen Drang nach Eroberung, aber auch nach Durchsetzung, Selbstbestätigung und Trennung sowie das ausscheidende Prinzip. Während wir mit Venus etwas wählen, gibt uns Mars die Entscheidungskraft. Dabei sind natürlich beide Energien sowohl im Mann wie in der Frau angelegt. Allerdings tendieren Frauen dazu, den Mars anfangs auch auf ihren Partner zu projizieren und dort die Ergänzung zu ihrer weiblichen Identität zu suchen. Ebenso findet der Mann seine Venus zunächst auch in seiner Partnerin verkörpert und erlebt sie dadurch als Ergänzung seiner männlichen Identität.

Venus

Die Venus steht im Horoskop für Partnerschaft, Flirt, Charme und Erotik, aber auch für unsere Genussfähigkeit und unser Verhältnis zu körperlicher Nähe. Je nachdem, wie wir in unserer frühen Kindheit Aufmerksamkeit, Liebe und Zuwendung erfahren haben, entwickelt sich unser Selbstwertgefühl und unsere Liebesfähigkeit. Unsere ersten venusischen Erfahrungen machen wir schon als Säugling im engen Kontakt mit der Mutter oder bei der Nahrungsaufnahme. Dabei erleben wir durch die körperliche

«Mars und Venus, durch die Liebe vereint» (Paolo Veronese, um 1575)

Nähe auch erste erotische Gefühle. Erfahren wir diese Phase des Genährtwerdens positiv, fühlen wir uns sicher, behaglich und geliebt in dieser Welt. Dies wirkt sich im Erwachsenenalter wiederum stärkend auf unsere Beziehungsfähigkeit aus. Sind aber schon diese frühen Erfahrungen durch Frustrationen gekennzeichnet, fühlen wir uns nicht angenommen und damit nicht liebenswert, was später zu einem zwanghaften Bedürfnis nach Besitz, zu übermässigem Genussstreben oder zu einer unstillbaren Gier nach ständigen Liebesbeweisen führen kann. All das ist Ausdruck eines mangelnden Urvertrauens in unseren eigenen Wert und unsere Liebenswürdigkeit. Die Ängste und Frustrationen, die sich daraus ergeben, können nicht immer allein über die Beziehung abgebaut werden. Da Venus aber auch die Welt von Kunst und Ästhetik symbolisiert, bieten sich hier Möglichkeiten, zumindest einen Teil übergrosser Erwartungen und Forderungen an eine Partnerschaft auf eine andere Ebene abzuleiten und im Streben nach Schönheit, Harmonie und künstlerischem Ausdruck zu sublimieren.

Schlüsselfragen zu Venus

Allgemein

- Was suche ich in einer Beziehung?
- Worin suche ich Ergänzung und Erfüllung?
- Was gibt mir das Gefühl, geliebt zu werden?
- Wie bringe ich Liebe und Zuneigung zum Ausdruck?
- Was empfinde ich als erotisch?
- Wie steht es mit meiner Genussfähigkeit?
- Wie ist mein Geschmacksempfinden?
- Wie steht es um mein Selbstwertgefühl?

Im weiblichen Horoskop

- Wie ist mein Selbstbild?
- Wie erlebe ich mich als Frau und Partnerin?
- Wie fühle ich mich in meinem weiblichen Körper?
- Was bedeutet für mich «Weiblichkeit»?
- Mit welchen erotischen Signalen mache ich auf mich aufmerksam?

Im männlichen Horoskop

- Was finde ich an einer Frau anziehend?
- Welches Frauenbild trage ich in mir?
- Welcher Frauentyp entspricht meinem Suchbild?

Mars

Mars steht im Horoskop für unsere Eroberungslust und die Kraft, mit der wir unseren Willen durchsetzen. Damit verkörpert er einen wesentlichen Teil unseres Selbsterhaltungstriebs, ohne den es uns schwerfallen würde, unsere elementaren Bedürfnisse zu befriedigen. Im Gegensatz zur Sonne ist Mars allerdings keine zielgerichtete Energie, mit der wir eine Idee beharrlich verwirklichen, sondern ein unmittelbar aufflammender Impuls, der ebenso schnell wieder verpuffen kann. Mars ist in der Regel ein unkooperativer Einzelkämpfer, der bei seinen Handlungen keine Rücksicht auf die Bedürfnisse anderer nimmt. Im optimalen Falle ist er die mutige, treibende, unterstützende Kraft im Dienste der Sonne und damit ein wertvolles Instrument für unsere Selbstverwirklichung. Wenn wir seine Energie bewusst in Bahnen lenken, statt sie in kurzer Lustbefriedigung zu vergeuden, hilft er uns, auch langfristige Ziele zu erreichen. Als Symbol unserer Triebnatur zeigt Mars zudem an, was uns sexuell stimuliert. Wird seine Energie in der Kindheit durch Verbote und Strafen zu sehr eingeengt, kann dies zu nachhaltigen Frustrationen, autoaggressivem Verhalten, mangelnder Motivation und geschwächter Durchsetzung führen. Häufig kommt es auch zur Kompensation, in Form von übermässigem Geltungstrieb oder aggressivem Auftreten. Sport ist ein gutes Ventil, um überschüssige marsische Energien abzubauen und gestaute Aggressionen zu kanalisieren, indem sie in Ausdauer oder Muskelkraft umgewandelt werden.

Schlüsselfragen zu Mars

Allgemein

- Mit welchen Mitteln und wie nachhaltig setze ich mich durch?
- Worin liegt meine Stärke und wie bringe ich sie zum Ausdruck?
- Was motiviert mich?
- Wie ist mein Durchhaltevermögen?
- Auf welche Art bringe ich Wut und Ärger zum Ausdruck?

- Wie konfliktbereit bin ich?
- Wie ist meine Art zu streiten?
- Was begehre ich?
- Was stimuliert mich sexuell?

Im männlichen Horoskop:

- Wie ist mein Selbstbild?
- Wie erlebe ich mich als Mann und Partner?
- Was bedeutet für mich Männlichkeit?
- Wie ist mein «Eroberungsstil»?

Im weiblichen Horoskop:

- Was imponiert mir bei einem Mann?
- Welches Männerbild trage ich in mir?
- Welcher Männertyp entspricht meinem Suchbild?

Venus und Mars in den Zeichen

Die nachfolgenden Beschreibungen von Venus und Mars in den Zeichen sollen einen kurzen Überblick über typische Eigenschaften und Einflüsse dieser beiden Planetenenergien in bezug auf das partnerschaftliche Verhalten geben. Bei der Venus wird dabei beschrieben, wie sie Kontakte knüpft, sowie ihre Art, Sinnlichkeit und Erotik zu geniessen, und was ihr körperliches Wohlbefinden bereitet. Bei Mars findet sich der jeweilige Durchsetzungs- und Eroberungsstil, das sexuelle Verhalten sowie die Art der Konfliktbereitschaft. Natürlich handelt es sich dabei stets um die reine Färbung durch das Zeichen, ohne dass Aspekte oder Häuserstellungen berücksichtigt werden. Trotzdem lassen sich bereits aus diesen Grundstellungen wesentliche Aussagen über das persönliche Beziehungsverhalten ableiten. Den Abschluss bildet bei jeder Konstellation die Beschreibung eines Frauen- bzw. Männertyps, der als spezielles Selbst- und Suchbild mit dieser Zeichenstellung verbunden ist.

Widder

♀ Die Widder-Venus ist erfrischend direkt und unkompliziert. Herausfordernde Offensive ist für sie die einfachste Art, um Kontakt und Nähe herzustellen. Sie hält nichts von steifer Etikette, sondern kommt gleich zur Sache. Dass sie mit dieser burschikosen Art andere irritiert und nicht immer ankommt, nimmt sie locker in Kauf. Sie kann sich auch gut alleine vergnügen, indem sie sich beispielsweise sportlich austobt. Fit und aktiv zu sein, vermittelt ihr nicht nur körperliches Wohlbefinden, sondern gibt ihr gleichzeitig auch das Gefühl, attraktiv zu sein. In der Liebe ergreift sie gerne selbst die Initiative, und für einen Flirt ist sie schnell zu haben. Das Spiel mit dem Feuer geniesst sie, und brenzlige Situationen haben auf sie eine stark erotisierende Wirkung. Sie ist schnell entflammt, kann sich aber im nächsten Augenblick auch wieder anderen Reizen zuwenden. Es ist selten absehbar, welcher Impuls als nächstes ihre Lust nach Abwechslung und Abenteuer weckt.

Als Selbst- oder Suchbild: Die Powerfrau, die genau weiss, was sie will, und es meistens auch bekommt.

♂ Der Widder-Mars ist ein Blitzstarter. Er verfügt über einen starken Durchsetzungswillen und eine gute Portion Egoismus. Mit seiner unbekümmerten, flotten Art eckt er schon mal an, wenn er andere überrumpelt oder an den Rand drängt. In der Liebe agiert er direkt und erobert entweder im Sturm oder gar nicht. Langes Liebeswerben ist nicht seine Sache, weil ihm dazu die Ausdauer fehlt und es ihm schnell einmal langweilig wird. Doch selbst wenn er sofort zum Ziel gelangt, braucht er ständig neue Impulse, damit sein Interesse nicht genauso schnell wieder erlischt, wie es entflammt ist. Für traute Zweisamkeit kann er sich ebensowenig erwärmen wie für Romantik und Kuschelsex. Was er sucht, ist die Reibung. Er liebt es, wenn zwischendurch die Fetzen fliegen, da hitzige Auseinandersetzungen nicht nur spannend sind, sondern ihn auch sexuell stimulieren. Doch kann man sich mit ihm schnell wieder versöhnen, denn nachtragend ist er nicht.

Als Selbst- oder Suchbild: Der Draufgänger, der immer wieder neue Herausforderungen sucht und das Abenteuer liebt.

Stier

♀ Die Stier-Venus ist eine Geniesserin. Sie ist gerne mit andern zusammen, braucht für ihr Wohlbefinden aber auch genügend Ruhe. Gelassenheit zeichnet sie aus, und auch in der Liebe vertraut sie darauf, dass sich die Dinge dann ergeben, wenn die Zeit dazu gekommen ist. Hat sie sich einmal eingelassen, richtet sie sich gerne auf Dauer ein. Allzuviel Aufregung und ständige Veränderungen sind nicht nach ihrem Geschmack. Sie schätzt nun mal das Vertraute ebenso wie eingespielte Rituale und liebgewordene Gewohnheiten. Körperliche und räumliche Nähe sind für sie kein Problem, denn gerade die regelmässige Anwesenheit eines Partners bereitet ihr Wohlbefinden und das sichere Gefühl, wirklich geliebt zu werden. Ihre starke Sinnlichkeit macht sie verführbar für Genüsse jeglicher Art, und die Liebe geht bei ihr tatsächlich durch den Magen. Sie ist eine gute Gastgeberin und verwöhnt andere gerne mit ihren Kochkünsten.

Als Selbst- oder Suchbild: Die Natürliche, auf die man sich verlassen kann und die es versteht, das Leben und die Liebe zu geniessen.

♂ Der Stier-Mars gleicht einem Dieselmotor. Ist er erst einmal erwärmt, beweist er enormes Durchhaltevermögen, und hat er sich etwas in den Kopf gesetzt, lässt er nicht so schnell wieder davon ab. Auch in der Liebe kann er geduldig auf den richtigen Moment warten und in seinem Werben unermüdlich sein. Was er einmal hat, gibt er ungern wieder her, und da er zu starker Eifersucht neigt, widerstreben ihm längere Trennungszeiten. Das Vertraute und Regelmässige erlebt er nicht nur im Alltag als beruhigend, sondern auch sexuell als stimulierend. Grundsätzlich ist er gutmütig und friedliebend, allerdings kann er sich auch stur verhalten, wenn man von ihm grössere Veränderungen oder schweisstreibende Anstrengungen verlangt. Seine gewährende Haltung hört auch dort auf, wo ihm jemand etwas streitig machen will, das er klar als sein Eigentum betrachtet. In Konflikten verteidigt er stur seinen Standpunkt, indem er einfach abwartet, bis der andere mürbe wird und nachgibt.

Als Selbst- oder Suchbild: Der Geniesser, der es versteht, sich das Leben bequem und angenehm einzurichten.

10
PFENNIG
50

Zwillinge

♀ Die Zwillinge-Venus ist sehr gesellig und begegnet andern mit offener Neugierde. Sie knüpft leicht Kontakte, und ihr grosser Bekanntenkreis setzt sich aus den unterschiedlichsten Personen zusammen. Wem es gelingt, über geistreiche Gespräche und witzige Ideen ihr Interesse zu wecken, dem steht auch der Weg zu ihrem Herzen offen. Aber auch dann sucht sie keine leidenschaftliche Verstrickung, sondern vielmehr den spielerischen Flirt und das kameradschaftliche Miteinander. Sie braucht viel Freiraum und ist gerne unterwegs. Doch trotz aller Vielseitigkeit und Abwechslung, die ihr Liebesleben bestimmen, kann sie sich trotzdem verbindlich auf eine Partnerschaft einlassen. Allerdings sorgt sie dafür, dass keine lähmende Routine den Beziehungsalltag bestimmt und dass der Gesprächsstoff nicht ausgeht. Stets ist sie über kulturelle und gesellschaftliche Anlässe informiert und dort auch regelmässig anzutreffen.

Als Selbst- oder Suchbild: Die Vielseitige, die flexibel und unkompliziert ist und mit der man sich niemals langweilt.

♂ Der Zwillinge-Mars ist ein Allrounder, der ständig auf der Jagd nach anregenden Informationen ist und intellektuelle Herausforderungen sucht. Kontinuität ist nicht gerade seine Stärke. Er liebt die Veränderungen, und ihn reizt das Spiel mit den Möglichkeiten. Dabei erweist er sich als geschickter Taktiker, der seine Aktionen flink und wendig, aber niemals kopflos in die Tat umsetzt. Wenn er dennoch etwas hektisch wirkt, läuft er gerade wieder mehreren Impulsen gleichzeitig hinterher. Man bekommt ihn nur schwer zu fassen, und jeder Versuch, ihn festzuhalten, führt nur dazu, dass er blitzschnell durch die nächste Hintertür entwischt. Bei seinen Eroberungszügen beweist er grosses Talent, sein Gegenüber mit Witz und Esprit ganz einfach um den Finger zu wickeln. Er ist der Meister der verbalen Verführung und des raffinierten Liebesspiels. Mit Worten zu jonglieren ist seine Stärke, aber auch seine wirksamste Waffe. Wer mit ihm streitet, erlebt, wie eiskalt, zynisch und verletzend er sein kann.

Als Selbst- oder Suchbild: Der Interessierte, der sich jeder Situation anpasst und mit Cleverness und Wendigkeit seine Ziele erreicht.

PLATFORM
2
Sparkasse

Krebs

♀ Die Krebs-Venus ist sehr häuslich. Im familiären Rahmen fühlt sie sich am wohlsten, und solange sie vertraute Menschen um sich hat, kann sie auf wilde Parties und gesellschaftliches Leben gut verzichten. Fürsorglich kümmert sie sich um andere, schätzt es aber auch, wenn man sich ihr ebenso einfühlsam zuwendet. Sie ist romantisch und liebt es, wenn man phantasievoll um sie wirbt. An schnellen Abenteuern liegt ihr nichts, vielmehr sucht sie eine gefühlvolle Beziehung, in der sie sich geborgen und aufgehoben fühlt. Wem es gelingt, zu erspüren, was sie gerade braucht, der kann sich ihrer tiefen Zuneigung sicher sein. Traute Zweisamkeit ist für sie kein altmodischer Begriff, sondern ganz einfach die schönste Form des Zusammenseins. In geschützter Atmosphäre entfaltet sich ihre warme Sinnlichkeit und zärtliche Erotik. Sie hat ein Flair für phantasievolles Gestalten und kann ihr sensibles Innenleben auch künstlerisch zum Ausdruck bringen.

Als Selbst- oder Suchbild: Die Mütterliche, die das häusliche Leben schätzt und gerne für andere da ist.

♂ Der Krebs-Mars ist kein Draufgänger. Hindernissen weicht er instinktsicher aus, und was anderen als Umweg erscheint, erweist sich für ihn oftmals als der schnellste Weg zum Ziel. Weil er sich dabei von seinen Gefühlsimpulsen leiten lässt, wirkt er in seinen Handlungen manchmal unberechenbar oder inkonsequent. Doch gerade in dieser eigenwilligen Gangart liegt auch seine Stärke. In der Liebe gehört er zu den unverbesserlichen Romantikern, die mit viel Phantasie und Feingefühl andere für sich einnehmen. Diese eher schüchterne Annäherung beim Liebeswerben entspricht auch seiner Vorliebe für zärtliche Erotik und Kuschelsex. Er liebt es, sich in einer Partnerschaft zeitweise völlig von der Aussenwelt in die Privatsphäre zurückzuziehen. Konflikten weicht er lange aus, doch wenn es zur Auseinandersetzung kommt, führt er sie äusserst emotional und kann einmal zugefügte Verletzungen selbst nach einer Versöhnung noch lange nicht vergessen.

Als Selbst- oder Suchbild: Der Einfühlsame, der sich liebevoll um andere kümmert und dem man sich jederzeit gerne anvertraut.

Löwe

♀ Die Löwe-Venus liebt es, im Rampenlicht zu stehen. Gerne inszeniert sie ihren eigenen Auftritt, und mit ihrer herzlichen Ausstrahlung und ihrem gewinnenden Charme kann sie andere schnell für sich einnehmen. Wenn sie es nicht gerade zu sehr übertreibt, sieht man es ihr auch nach, dass sie sich am liebsten um die eigene Achse dreht. Zum Glück besitzt sie meist genügend Selbstbewusstsein und Humor, um auch über sich selbst lachen zu können. Sie hat einen Hang zum Luxus und lebt deshalb schon mal über ihre Verhältnisse. Liebe ist für sie ein lustvolles Spiel, das hin und wieder auch etwas dramatisch sein darf. Beim Flirten weiss sie genau, worauf es ankommt und mit welchen Effekten sie beim anderen Geschlecht die gewünschte Wirkung erzielt. Wer ihr genügend Bewunderung entgegenbringt, kann ihre Gunst gewinnen. Zwar hat sie hohe Ansprüche an einen Partner, doch wenn sie sich einmal entschieden hat, ist sie mit vollem Herzen dabei.

Als Selbst- oder Suchbild: Die Herzliche, die sich gerne vergnügt und mit der man sich überall sehen lassen kann.

♂ Der Löwe-Mars liebt den Wettbewerb. Bei Sport und Spiel beweist er nicht nur Durchsetzungskraft, sondern beeindruckt auch durch sein selbstbewusstes Auftreten. Spektakuläre Aktionen reizen ihn, und er ist es gewohnt, als Sieger durchs Ziel zu gehen. Um seinen Erfolg auskosten zu können, braucht er allerdings Bewunderung von aussen. Auch beim Flirten läuft er dann zu Höchstform auf, wenn er sich in Szene setzen kann. Er ist von Natur aus verspielt und möchte deshalb auch in der Sexualität vor allem Spass haben. Falls sich sein sportlicher Ehrgeiz auf sein Liebesleben überträgt, kann sein Geltungsdrang allerdings auch ziemlich anstrengend werden. Weil er selbst von sich überzeugt ist, glaubt er, dass auch andere ihm nicht widerstehen können. Solange man ihn bewundert, zeigt er sich grosszügig und charmant. Stösst er auf Widerstand oder gar Ablehnung, verstärkt er sofort sein Imponiergehabe oder wendet sich stolz ab, um seine Lorbeeren anderswo abzuholen.

Als Selbst- oder Suchbild: Der Selbstbewusste, der den grosszügigen Lebensstil schätzt und gerne die Führung übernimmt.

Jungfrau

♀ Die Jungfrau-Venus hat klare Prinzipien. Sie wirkt sachlich, drängt sich selten auf und hält nichts von oberflächlichen Kontakten. Auf den ersten Blick erscheint sie eher nüchtern oder gar spröde, doch ist es gerade diese Zurückhaltung, die ihr auf den zweiten Blick das gewisse Etwas verleiht. Sie stellt grundsätzlich die Vernunft über den Genuss. Deshalb läuft sie auch in der Liebe keinen allzu grossen Erwartungen hinterher und lässt sich selten zu leidenschaftlichen Eskapaden hinreissen. Vielmehr schätzt sie eine solide Verbindung, und gerade das Unspektakuläre, Einfache erlebt sie als besonders reizvoll. Bevor sie sich endgültig festlegt, prüft sie genau, ob die Beziehung auch im alltäglichen Zusammenleben funktioniert und sich auch in kritischen Situationen bewährt. Bis sie sich öffnet und ihre ungeschminkte Sinnlichkeit zeigt, braucht es seine Zeit. Aber dann hält sie gerade im erotischen Bereich oft weit mehr als sie anfangs verspricht!

Als Selbst- oder Suchbild: Die Tüchtige, die den Blick für das Wesentliche hat und sich in allen Lebenslagen zu helfen weiss.

♂ Der Jungfrau-Mars ist ein Praktiker. Er setzt seine Kräfte überlegt und effizient ein, um sein Ziel mit Fleiss und taktischem Geschick sicher zu erreichen. Spontaneität gehört zwar nicht zu seinen Stärken, dafür besitzt er enormes Fingerspitzengefühl und eine gute Lebenstüchtigkeit, die auf Dauer ebenso überzeugt. Sein ständiger Drang, Ordnung zu schaffen, kann allerdings zwanghafte Züge annehmen. Auch in der Liebe geht er gerne auf Nummer Sicher und plant alles ganz genau. Wo er sich nicht auskennt, wagt er sich ungern zu weit vor. Von Effekthascherei hält er nichts, und sein Eroberungsstil ist wohlüberlegt und eher zurückhaltend. In einer Beziehung erlebt er geregelte Verhältnisse weit stimulierender als erotische Experimente. Konflikte versucht er erst einmal mit Vernunft zu lösen, und auch wenn ihm das nicht gelingt, wird man ihn nur selten ausrasten sehen. Hingegen kann seine scharfe Kritik unerbittlich sein und eine entsprechend vernichtende Wirkung haben.

Als Selbst- oder Suchbild: Der Patente, der die alltäglichen Probleme effizient und mit gesundem Menschenverstand angeht.

Waage

♀ Die Waage-Venus hat Stil. Freundlich und charmant geht sie auf andere zu, ohne dabei aufdringlich zu sein. Sie ist die Meisterin des guten Geschmacks und die geborene Gastgeberin, bei der man sich stets willkommen fühlt. In ihrem Leben dreht sich vieles um Beziehungen, und um Liebe und Anerkennung zu bekommen, passt sie sich auch gerne den Wünschen und Vorstellungen anderer an. Sie freut sich, wenn es ihr gelingt, gute Stimmung zu verbreiten und sich und anderen das Leben dadurch angenehmer zu gestalten. Wo alle zufrieden sind, fühlt auch sie sich am wohlsten. Dadurch wirkt sie manchmal etwas zu angepasst oder konturenlos. Was sie als ästhetisch empfindet, das liebt sie auch, und wer es versteht, kultiviert und stilvoll mit ihr zu flirten, der kann ihr Herz gewinnen. Sie geniesst es, wenn man ihr Komplimente macht, und in einem schönen Ambiente lässt sie sich auch gerne erotisch verwöhnen.

Als Selbst- oder Suchbild: Die Charmante, die sich für Kunst und Kultur interessiert und gerne unter Menschen ist.

♂ Der Waage-Mars ist ein Diplomat. Als kluger Stratege setzt er weniger auf rohe Durchsetzung als auf Kompromissfähigkeit. Geschickt versteht er es, auf dem Weg zu seinen eigenen Zielen auch die Bedürfnisse der anderen miteinzubeziehen. Dieses bewährte Rezept wendet er auch in der Liebe an. Er beherrscht die hohe Kunst der galanten Verführung, und mit charmanter Aufmerksamkeit wirbt er um sein Gegenüber, ohne dabei je aufdringlich zu werden. Durch ästhetische Impulse lässt er sich leicht sexuell stimulieren, verstrickt sich dabei aber nur selten in den Fängen der Leidenschaft, da er sogar in der Sexualität allzu grosse Intensität scheut. Der Grund liegt in seiner mangelnden Konfliktbereitschaft, die es ihm auch schwermacht, eine einmal getroffene Entscheidung in die Tat umzusetzen. Kommt es in Beziehungen zu Meinungsverschiedenheiten, versucht er einer Auseinandersetzung, zumindest durch äussere Anpassung, erst einmal auszuweichen.

Als Selbst- oder Suchbild: Der Kavalier, der viel Wert auf Geschmack und Stil legt und andere gerne verwöhnt.

Skorpion

♀ Die Skorpion-Venus besitzt eine charismatische Ausstrahlung. Meist hält sie sich im Kontakt mit anderen solange bedeckt, bis sie ihr Gegenüber durchschaut hat. Durch dieses verhaltene Auftreten wirkt sie geheimnisvoll und faszinierend. Doch erlebt sie auch, dass andere sich von ihr abwenden, aus Angst, in ihre Fänge zu geraten. Tatsächlich ist sie von leidenschaftlicher Sinnlichkeit, die sie jedoch selten ungehemmt auslebt, weil sie befürchtet, dadurch manipulierbar oder gar abhängig zu werden. Immer wieder erlebt sie Beziehungen als ständiges Wechselspiel zwischen Macht und Ohnmacht. Mehr als andere weiss sie, was es heisst, eifersüchtig zu sein und von Verlassenheitsängsten geplagt zu werden. Bei alledem empfindet sie ein gewisses Mass an Intensität und Dramatik in ihrem Liebesleben als höchst erotisierend. In Bereichen, die für andere tabu sind, bewegt sie sich frei und ungezwungen, und extreme oder unheimliche Situationen empfindet sie durchaus als lustvoll.

Als Selbst- oder Suchbild: Die Geheimnisvolle, die Versuchungen nachgibt, ohne dabei die Kontrolle zu verlieren.

♂ Der Skorpion-Mars will Macht. Wo andere vor schwierigen Aufgaben zurückschrecken, aktiviert er alle Energien, um das Unmögliche zu schaffen. Dabei scheint er über magische Kräfte zu verfügen, und gerade weil seine Absichten und Handlungen selten durchschaubar sind, wirken sie um so beeindruckender. Sein Hang zum Extremen kann faszinieren oder abschrecken, lässt aber niemanden kalt. Unwiderstehlich ist er vor allem in der Liebe. Dank einer starken Triebnatur spürt er instinktiv, wie er bekommt, was er will. Dunkles und Hintergründiges reizen ihn dabei besonders, und auch in der Sexualität bereitet es ihm grösste Lust, immer wieder Grenzen zu überschreiten und Tabus zu brechen. Wer sich mit ihm streitet, riskiert, von ihm mit unfehlbarer Treffsicherheit am wundesten Punkt verletzt zu werden. Ihm geht es stets um alles oder nichts, und sein Angriff kommt oft ebenso scharf wie unerwartet und kennt keine Gnade.

Als Selbst- oder Suchbild: Der Faszinierende, der das Risiko sucht und in gefährlichen Situationen über sich hinauswächst.

Schütze

♀ Die Schütze-Venus ist weltoffen und begegnet andern wohlwollend und tolerant. Sie ist leicht zu begeistern, und mit ihrer optimistischen und jovialen Art kann sie auch andere leicht mitreissen. Ihr Hang zur Übertreibung spiegelt sich in ihrer Lust am grosszügigen Lebensstil und kann auch in der Liebe zu gelegentlichen Ausschweifungen führen. Obwohl sie hohe moralische Werte hat, erlebt sie gerade das Überschreiten des Mässigen als Ausdruck ihrer persönlichen Freiheit. Exotische Vielfalt und Fremdes reizen sie weit mehr als Altbekanntes. Auf Reisen und in fernen Ländern findet sie sich schnell zurecht, und nicht selten verliebt sie sich in jemanden aus einem anderen Kulturkreis. Sie geniesst den geistigen Austausch und schmiedet gerne gemeinsame Zukunftspläne. Solange Grosszügigkeit und gegenseitige Unterstützung vorherrschen, kann sie auch treu sein. Nur wenn sie sich nicht mehr wertgeschätzt fühlt, sucht sie schleunigst das Weite.

Als Selbst- oder Suchbild: Die Tolerante, die voller Optimismus im Leben steht und mit der man über Gott und die Welt reden kann.

♂ Der Schütze-Mars glaubt an sich. Er wagt viel und setzt dabei auf sein Glück. Nicht selten schiesst er dabei übers Ziel hinaus, aber Übertreibung und Pathos gehören für ihn nun mal dazu. Leicht kann er andere für seine Projekte begeistern, und mit seiner Überzeugungskraft versetzt er tatsächlich Berge. Solange man ihm recht gibt, zeigt er sich grosszügig und wohlwollend. In der Liebe ist er der Eroberer, der durch weltmännisches Auftreten und eine positive, joviale Art gewinnt. Exotische Reize stimulieren ihn besonders, und sein Drang, Neuland zu erkunden, treibt ihn immer wieder in unbekannte Gefilde. Ein starker Freiheitsdrang lässt ihn triebhaften Verstrickungen ausweichen und bewahrt ihn vor allzu leidenschaftlichen Liebesabenteuern. In Konfliktsituationen kann er sich zwar echauffieren, kämpft aber nur selten unter der Gürtellinie. Wer allerdings sein Gerechtigkeitsempfinden verletzt, muss damit rechnen, von ihm in aller Schärfe zurechtgewiesen oder gar verurteilt zu werden.

Als Selbst- oder Suchbild: Der grosszügige und gebildete Mann von Welt, der sich begeistern lässt und andere gut motivieren kann.

Steinbock

♀ Die Steinbock-Venus ist von zurückhaltender Freundlichkeit. Solange ihr jemand fremd ist, wirkt sie etwas distanziert und kühl. Dahinter verbirgt sich ihre Angst vor Zurückweisung. Es ist nicht einfach, mit ihr zu flirten, denn für Schmeicheleien zeigt sie sich wenig empfänglich. So anspruchsvoll wie sie sich selbst gegenüber ist, so hoch sind auch ihre Erwartungen an andere. Eine tragfähige, langfristige Beziehung bedeutet ihr weit mehr als eine noch so lustvolle Begegnung auf Zeit. Deshalb prüft sie lange, bevor sie sich wirklich einlässt. Sie gibt sich keinen Illusionen hin, sondern fordert auch von einem Partner, dass man gemeinsam an der Beziehung arbeitet und nicht gleich aufgibt, wenn es einmal schwierig wird. Ebenso ehrlich und schnörkellos ist ihre Sinnlichkeit, die sich zwar langsam entfaltet, dafür aber um so tiefer und beständiger ist. Hat sie sich einmal für jemanden entschieden, kann man fortan auf ihre Treue und Loyalität zählen.

Als Selbst- oder Suchbild: Die Zuverlässige, die sich auf das Wesentliche konzentriert und mit beiden Beinen im Leben steht.

♂ Der Steinbock-Mars ist konsequent und ehrgeizig. Niemals lässt er sich zu einem kurzfristigen Vorteil hinreissen, wenn dadurch seine langfristigen Pläne gefährdet werden könnten. Er weiss, dass man mit eiserner Disziplin und harter Arbeit am meisten erreicht. Dabei geht es ihm stets um die Sache, und deshalb tut er, was zu tun ist. Ausdauer ist seine grösste Stärke, wobei es manchmal etwas länger dauert, bis er in Fahrt kommt. So ist auch sein Eroberungsstil anfänglich eher vorsichtig und auf Langzeitwirkung ausgerichtet. Das schwer Erreichbare reizt ihn sexuell weit mehr als ein Genuss, den er sofort und jederzeit haben kann. Hat er sich jedoch einmal festgelegt, ändert er seine Richtung nur noch selten. Diese Geradlinigkeit zeigt er auch in Konflikten, wo er seinen Standpunkt unerbittlich vertritt und sich gerne zum Massstab aller Dinge macht. Selten kämpft er mit unfairen Mitteln, aber stets hat er den längsten Atem, und wer sich mit ihm anlegt, der beisst erst einmal auf Granit.

Als Selbst- oder Suchbild: Der Ehrgeizige, der keine Mühen und Entbehrungen scheut, um seine hohen Ziele zu erreichen.

Wassermann

♀ Die Wassermann-Venus ist ein Paradiesvogel. Ihre Toleranz macht sie auch offen für Kontakte, die den üblichen Rahmen sprengen. Erfrischend eigenwillig geht sie auf andere zu, und ihr Freundeskreis ist nicht nur gross, sondern hat in ihrem Leben auch einen besonderen Stellenwert. Er kann ihr sogar mehr als die Sicherheit einer festen Beziehung bedeuten. Solange eine Partnerschaft auf Freiwilligkeit beruht und sich nicht an stereotypen Beziehungsformen orientiert, lässt sie sich gerne darauf ein. Doch selbst wenn sie sich für jemanden entschieden hat, verbringt sie ihre Freizeit nach wie vor gerne im Kreis von Gleichgesinnten oder auch für sich alleine. Sie braucht genügend Freiräume, um ihren vielen Interessen und Liebhabereien nachgehen zu können. Fühlt sie sich zu sehr eingeengt, kehrt sie lieber zurück zum Singledasein. Geistige Höhenflüge empfindet sie als ebenso lustvoll wie erotische Experimente, und auch eine platonische Verbindung kann sie als erfüllend erleben.

Als Selbst- oder Suchbild: Die Unkonventionelle, die das Aussergewöhnliche liebt und immer wieder für Überraschungen gut ist.

♂ Der Wassermann-Mars ist ein Sonderling. Selten verfolgt er konsequent sein Ziel, sondern agiert lieber spontan und hofft dabei auf den Überraschungseffekt. Weil er immer wieder nach neuen, originellen Wegen sucht, wird er zum Avantgardisten, der mit seinen eigenwilligen Aktionen oftmals zukunftsweisende Trends setzt. Ab und zu manövriert er sich dabei allerdings auch ins Abseits. In der Liebe erweist er sich als charmanter, witziger Verführer, der sich gern etwas einfallen lässt, um sich von andern Bewerbern möglichst deutlich abzuheben. Immer wieder reizt es ihn, aus der Norm auszubrechen, und auch sexuell stimuliert ihn das Aussergewöhnliche weit mehr als der Standard. Solange er sich frei bewegen kann, ist er tolerant und friedliebend, fordert man von ihm zuviel Nähe und Verbindlichkeit, kann es Ärger geben. In Konflikten setzt er nicht nur sein taktisches Geschick ein, sondern verhält sich auch unberechenbar und gegen jede Regel.

Als Selbst- oder Suchbild: Der ewige Jüngling, charmant und liebenswert, aber wenig verbindlich.

Fische

♀ Die Fische-Venus ist ein zauberhaftes Wesen. Dank ihrer ausgeprägten Intuition spürt sie instinktiv, was in ihrer Umgebung vorgeht. Weil es ihr aber an einem klaren Empfinden für die eigenen Grenzen mangelt, kann sie sich nur schwer gegen Ansprüche von aussen zur Wehr setzen. Das macht sie leicht verführbar. Schnell gerät sie ins Schwärmen, und ihre enorme Hingabe und «übersinnliche» Erlebnisfähigkeit wird durch ein inspirierendes Ambiente noch gesteigert. Zudem ist sie empfänglich für Genussmittel, die ihre Sehnsucht nach Verschmelzung wenigstens vorübergehend stillen. Immer wieder träumt sie von der idealen Beziehung und malt sich das Zusammenleben in den schillerndsten Farben aus. Begegnet sie dann der nüchternen Wirklichkeit, ist sie häufig enttäuscht. Das hindert sie aber nicht daran, sich immer wieder neuen Phantasien hinzugeben und weiterhin nach dem Traumpartner zu suchen, den sie vielleicht in einer spirituellen Verbindung auch wirklich findet.

Als Selbst- oder Suchbild: Die Idealistin, die nach inspirierenden Erfahrungen jenseits des Alltäglichen sucht.

♂ Der Fische-Mars ist ein Traumtänzer. Durchsetzung fällt ihm schwer, es sei denn, er muss nicht seine eigenen Interessen vertreten, sondern kann sich für die Anliegen anderer stark machen. Doch selbst dann setzt er nicht auf ein offensives Vorgehen, sondern erreicht sein Ziel instinktsicher und auf meist verschlungenen Pfaden. Nicht selten wird er aber auch zum Opfer seines Idealismus und seiner Hilfsbereitschaft, weil er sich leicht von andern ausnutzen lässt. Was ihm einerseits zum Verhängnis wird, ist andererseits gerade auch in der Liebe seine grosse Stärke. Er ist der zärtliche Verführer, der die geheimen Wünsche seines Gegenübers intuitiv erahnt und einfühlsam erfüllt. Entsprechend phantasievoll ist seine Sexualität. Fordert man ihn heraus, kann er sich schlecht verteidigen. Deshalb zieht er sich bei Auseinandersetzungen lieber zurück und taucht solange unter, bis sich die Wogen von selbst geglättet haben.

Als Selbst- oder Suchbild: Der Künstler, der sich seine Idealwelt schafft, weil er sich von der harten Wirklichkeit manchmal überfordert fühlt.

Erotik, Sexualität und Treue

Zeichen	Erotik ♀	Sexualität ♂	Treue
♈	feurig, leidenschaftlich, fordernd, spontan, Hingabeprobleme	sehr männlich, erobernd, stürmisch, stark im Anfang, dominant, spontan, hitzig	gewollt, solange keine Langeweile aufkommt
♉	natürlich, warm sinnlich, genussvoll, erblüht im vertrauten Rahmen	sehr ausdauernd, leicht frustrierbar, liebt das Gewohnte, besitzergreifend	aber sicher, da weiss man, was man hat
♊	spielerisch, leicht, raffiniert, süffisant, einfallsreich	neugierig, schnell, experimentierfreudig, verbal stimulierbar, unbeständig	beabsichtigt, liebt aber die Abwechslung
♋	hingebungsvoll, romantisch, verschmelzend, verschmust, lieblich	einfühlsam, phantasievoll, leicht irritierbar, stimmungsabhängig	selbstverständlich, ausser man trifft die Sandkastenliebe
♌	verwöhnen und sich verwöhnen lassen, anspruchsvoll, inszeniert, mit einem Hauch Luxus	sehr männlich, sportlich, verspielt, selbstbewusst, kreativ, mit Effekthascherei	Ehrensache, solange genügend Bewunderung da ist
♍	sinnlich, aber vorsichtig, braucht Sicherheit, manchmal auch prüde	behutsam, vorsichtig, kontrolliert, massvoll, mit Perfektionsanspruch	natürlich, schon aus praktischen Erwägungen
♎	grazil, verspielt, kokett, leicht, unverbindlich, liebt das stilvolle Ambiente	kultiviert, rücksichtsvoll, galant, diplomatisch, nicht schweisstreibend	gerne, solange die Harmonie stimmt
♏	verlockend, verrucht, leidenschaftlich, lustvoll, anzüglich, ungeniert, geheimnisvoll	leidenschaftlich, dominant, bezwingend, fordernd, tabulos, schafft Abhängigkeiten	ungewiss, wird aber bedingungslos verlangt
♐	warm und ansteckend, freizügig, liebt das Exotische, manchmal auch moralisierend	leicht entflammbar, begeisterungsfähig, grosszügig, manchmal auch gönnerhaft	am guten Willen fehlt es bestimmt nicht

Zeichen	Erotik ♀	Sexualität ♂	Treue
♑	dezent sinnlich, beständig, aber auch asketisch, kontrolliert und verschlossen	mit vollem Einsatz, aber auch gut kontrolliert, ausdauernd, unter Leistungsdruck	selbstverständlich, man hat sich ja schliesslich im Griff
♒	cool, eigenwillig, verspielt und aussergewöhnlich, nicht nur körperbezogen, vergeistigt	wenig triebhaft, tolerant, theoretisches Interesse, liebt das Ungewöhnliche, experimentierfreudig	freiwillig ja, mit gelegentlichen Ausnahmen
♓	verführerisch, musenhaft, sehnsüchtig, hingebungsvoll, schwärmerisch, verschmelzend	einfühlsam, berauschend, anpassungsfähig, phantasievoll, ausufernd, flüchtig, devot, tantrisch	ewig, wenn man nicht vorher verführt wird

Venus in den Häusern

Die Hausplazierung von Venus im Horoskop sagt etwas darüber aus, wo wir besonders offen und empfänglich für freundschaftliche Kontakte, liebevolle Begegnungen, Flirts und erotische Erfahrungen sind. Sie weist damit auch auf Orte und Bereiche hin, wo wir gute Chancen haben, der grossen Liebe zu begegnen.

Venus im	Wo man auf die grosse Liebe treffen kann
I. Haus	Beim Überholen auf der Autobahn, beim Autostoppen, beim Streit um den Fensterplatz, beim Joggen, beim Krafttraining oder einfach vor der Haustür
2. Haus	Beim Wandern, im Restaurant, am Stammtisch, im Garten, auf einer Auktion, am Bankschalter, beim Marktbummel, auf Sammlerbörsen, am Oktoberfest
3. Haus	Im Sprachkurs, beim Wochenendseminar, in der Bibliothek, am Kiosk, beim Vortrag, auf der Strasse, im Bus, in Zeitungsannoncen, am Telefon, im Café
4. Haus	Im Sandkasten, auf dem Familienfest, im Schwimmbad, am Meer, im Verein, auf dem Campingplatz, im Kochkurs, zu Hause
5. Haus	Bei Sport und Spiel, im Club, im Urlaub am Strand, auf einer Party, an der Bar, im Spielcasino, in der Disco, im Zirkus

Venus im	Wo man auf die grosse Liebe treffen kann
6. Haus	Am Arbeitsplatz, beim Einkaufen, im Turnverein, im Waschsalon, beim Kräutersammeln und Heilfasten
7. Haus	Auf einer Vernissage, im Vergnügungspark, im Tanzkurs, beim Friseur, im Blumenladen, beim Shopping in New York, Paris und London, am Opernball
8. Haus	Im Dunkeln, in der U-Bahn, im Rotlichtbezirk, in einflussreichen Kreisen, in okkulten Zirkeln, in extremen Situationen
9. Haus	Auf Reisen, im Ausland, an der Uni, im Fortbildungskurs, im Theater, auf dem Reitplatz, beim Guru, bei einer Lesung
10. Haus	In den Bergen, an der Berufsschule, auf gesellschaftlichen Anlässen, in der Chefetage, beim Geschäftsessen, in der Business class
11. Haus	Im Freundeskreis, beim Volleyballturnier, im Internet, an der Love-Parade, am Open-air-Konzert, an der Fasnacht, im Flugzeug
12. Haus	In aller Heimlichkeit, am Meer, auf einer Insel, im Meditationskurs, im Malkurs, im Kirchenchor, im Kino, im Museum, im Traum

Aspekte der langsamen Planeten zu Venus

Venus gilt als der klassische Beziehungsplanet. Neben der Stellung in Zeichen und Haus sind es vor allem ihre Aspekte mit den langsam laufenden Planeten, die unsere Erwartungen und unser Verhalten in einer Partnerschaft beeinflussen. Die nachfolgende Übersicht zeigt in Stichworten die fördernden und hemmenden Einflüsse, die von diesen Aspekten ausgehen.

Venus/Jupiter: Beziehungsreichtum

Stärke: Liebesglück

Gesundes Selbstwertgefühl und grosse Liebesfähigkeit. Grundsätzliche Toleranz und Offenheit gegenüber anderen. Grosszügige Haltung und Vertrauen innerhalb der Partnerschaft. Gegenseitige Unterstützung und Wertschätzung. Glaube an gemeinsame Projekte und Visionen.

Problematik: Unersättlichkeit

Überhöhte Glückserwartungen aus Selbstgefälligkeit. Mühe, langfristig Verantwortung zu übernehmen, und Unwille, sich durch verbindliche Zusagen in seiner persönlichen Freiheit einschränken zu lassen. Treulosigkeit. Übertriebenes Geltungsbedürfnis.

Venus/Saturn: Liebe verpflichtet

Stärke: Verbindlichkeit

Die reife, zuverlässige Beziehung, in der jeder Verantwortung für seine eigenen Bedürfnisse übernimmt. Die Bereitschaft, sich verbindlich auf ein Gegenüber einzulassen und auch in schwierigen Zeiten zur Beziehung zu stehen und an ihr zu arbeiten. Loyalität gegenüber dem Partner und beständige, echte Zuneigung.

Problematik: Unnahbarkeit

Angst vor Zurückweisung. Scheu, seine Bedürfnisse zu zeigen und sich gegenüber anderen vertrauensvoll zu öffnen. Das Gefühl, nicht liebenswert zu sein und sich Zuneigung hart erkämpfen zu müssen. Verlassenheitsängste infolge Minderwertigkeitsgefühlen. Mangelndes Vertrauen in die Liebe des Partners. Ständiges Fordern neuer Liebesbeweise. Ausgeprägtes Sicherheitsbedürfnis sowie hohe Erwartungen und Anforderungen an den Partner.

Venus/Uranus: Freiheitsliebe

Stärke: Teamwork

Die tolerante, partnerschaftliche Beziehung, die auf Freiwilligkeit beruht und den individuellen Bedürfnissen beider Partner genügend Raum lässt. Gleichberechtigung und Aufgabenteilung nach individuellen Bedürfnissen. Freundschaftliches Miteinander. Grosse Experimentierfreude und Aufgeschlossenheit gegenüber unkonventionellen Beziehungsformen. Ausgeprägte Teamfähigkeit.

Problematik: Unverbindlichkeit

Angst, durch zuviel Nähe die eigene Individualität zu verlieren. Ausgeprägtes Freiheitsbedürfnis und Rebellion gegen gesellschaftliche Beziehungsnormen und festlegendes Rollenverhalten. Sich mit verbindlichen Absprachen schwertun. Unbeständigkeit, Untreue und plötzliche Fluchttendenzen. Überbewertung der eigenen Unabhängigkeit. Überraschende Beziehungsabbrüche.

Venus/Neptun: Liebesromantik

Stärke: Einheit

Die spirituelle Seelengemeinschaft. Die Beziehung, die über die Grenzen der Partnerschaft hinaus einbeziehend ist. Sinnliches Erleben, das zu transzendenter Erfahrung führt. Seelische Nähe. Grosse Hingabefähigkeit und selbstlose Liebe. Mystisches Einswerden. Tiefes Verstehen auch ohne Worte. Die inspirierende Verbindung, die zu tiefer seelischer Erfüllung führt.

Problematik: Schwärmerei

Symbiotische Verschmelzung und die Tendenz, den Partner zu idealisieren. Enttäuschungen, weil die zu hohen Erwartungen unerfüllbar sind. Vermeidung echter Beziehungen aus Angst vor ernüchternden Alltagserfahrungen. Schwärmereien und Phantasien, die nicht in der Wirklichkeit erprobt werden. Die heimliche Verbindung. Opferrolle in Beziehungen, aufgrund eines schwachen Selbstwertgefühls. Intrigen und Täuschungen.

Venus/Pluto: Liebesmagie

Stärke: Wandlung

Unwiderstehliche Faszination. Die intensive, unauflösbare Beziehung, die durch Krisen zu tiefer Wandlung und persönlichem Wachstum führt. Intensive Auseinandersetzung mit dem Partner. Tiefe Verbundenheit und leidenschaftliche Hingabe. Starke erotische Erlebnisfähigkeit und charismatische Ausstrahlung. Grosses Engagement für nahestehende Menschen und ungewöhnliche Belastbarkeit gerade in Krisensituationen.

Problematik: Verstrickung

Suche nach absoluter Beziehung und bedingungsloser Zuneigung bis hin zur Unterwerfung. Drang, den andern zu dominieren und zu kontrollieren. Zwanghafte sexuelle Begierden. Absolute Ansprüche an die Verfügbarkeit des Partners und manipulatives Geschick, ihn abhängig zu machen. Offene oder subtile Machtspiele und rasende Eifersucht. Stete Angst, vom Partner verlassen oder vom Schicksal getrennt zu werden.

Der Deszendent und das siebte Haus

Das Zeichen, mit dem das siebte Haus beginnt, nennt man den Deszendenten. Als Symbol der Du-Erkenntnis stellt er den Gegenpol zum Aszendenten dar, der ihm als Punkt der Selbsterkenntnis genau gegenüberliegt. Gemeinsam bilden sie die sogenannte Beziehungsachse im Horoskop, die zeigt, wie der einzelne (Aszendent und erstes Haus) dem anderen (Deszendent und siebtes Haus) begegnet.

Um sich zu orientieren, schaut der Mensch nach Osten, dem Orient, denn dort wird es jeden Morgen als erstes hell. In gleicher Weise werden uns die Qualitäten des Aszendenten (AC= lat. ascendere = aufsteigen), der dem Sonnenaufgangspunkt im Horoskop entspricht, schon sehr früh als zu uns gehörig bewusst und färben die Grundstimmung unseres Lebens. Demgegenüber zeigt der Deszendent (DC= lat. descendere = absteigen) das Zeichen, das bei der Geburt im Westen untergeht und damit aus unserem Blickwinkel verschwindet, sozusagen in einen unbewussten Dämmerzustand abtaucht. Im gleichen Masse, wie uns der Aszendent von Anfang an ein klares Ichgefühl vermittelt, erleben wir die Themen des Deszendenten zunächst als ichfremd und erkennen sie oft lange Zeit nur bei anderen Menschen, auf die wir diese Eigenschaften projizieren. Erst nach und nach lernen wir zu verstehen, dass vieles von dem, was wir bei unserem Gegenüber schätzen oder ablehnen, bislang unbekannte Seiten unserer eigenen Persönlichkeit sind, die uns erst über diesen Umweg bewusst werden. Daher ist die Begegnung an diesem Dupunkt immer auch der Augenblick, in dem wir unsere eigenen, uns selbst noch unbewussten und verborgenen Persönlichkeitsanteile in Gestalt anderer Menschen erleben und dadurch kennenlernen können. Gerade darin liegt eine wesentliche Bedeutung jeder Partnerschaft. Denn nur durch die Projektion auf ein Gegenüber, das uns ergänzt, kommen all jene Qualitäten und Eigenschaften in unser

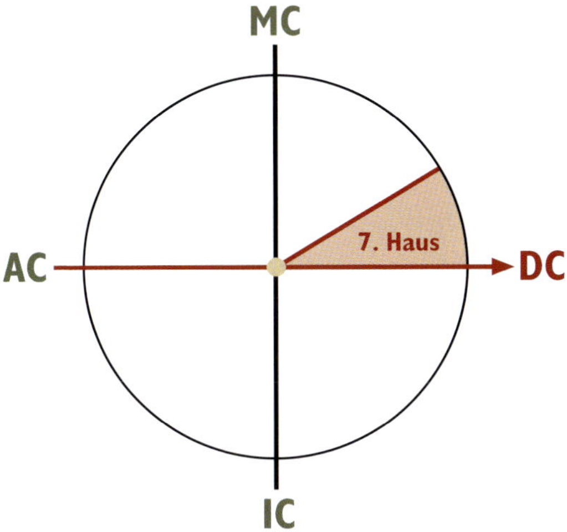

Leben, die uns zur Ganzheit fehlen. Die allmähliche Integration dieser scheinbar fremden Qualitäten bildet zugleich eine wichtige Ergänzung zu unserem Aszendenten, der dadurch in seinem Ausdruck verfeinert und reifer wird.

Der Deszendent spiegelt also einen wichtigen Gegenpol, den wir lieben oder hassen können, der uns aber in jedem Fall ergänzt und dessen Eigenschaften in aller Regel über die Partnerschaft und andere Beziehungsformen in unser Leben treten. Aus dem jeweiligen Zeichen am Deszendenten lassen sich sowohl Thema, Ziel und die bevorzugte Form einer Beziehung ablesen, als auch das Ideal- und Feindbild, das wir tendenziell von unserem Gegenüber in uns tragen. Denn weil an diesem Punkt alles Fremde, bis dahin Unbewusste nicht nur als Faszination, sondern ebenso als Bedrohung empfunden werden kann, bringt die Astrologie den Deszendenten und das siebte Haus nicht nur mit positiven Erwartungen wie Liebe und Sympathie in Verbindung, sondern erkennt darin auch eine Neigung zu bestimmten Feindbildern. Wer an dieser Stelle seine persönlichen Werte und Vorstellungen über den Menschen und die Welt für alleingültig erklären will, muss zwangsläufig alles andere verdrängen oder bekämpfen. Dennoch kommt es auch in diesem Falle – zumindest in Form einer Negativprojektion – zur Auseinandersetzung mit anderen Menschen, mit deren Eigenarten, Ansichten und Impulsen.

Die zwölf Deszendenten

Deszendent Widder (Aszendent Waage)

Beziehungsform: *das Liebesabenteuer*
Idealbild: *die Eigenständige / der Held*
Feindbild: *die Widerspenstige / der Macho*
Thema: *Aktion*
Ziel: *Profil*

Das Selbstverständnis des Waage-Aszendenten hängt vor allem von seiner Wirkung auf seine Umgebung ab. Deshalb braucht er mehr als andere Menschen die Spiegelung durch ein Du, um sich selbst erkennen zu können. Seine ausgewogene Grundstimmung und sein freundliches Wesen erleichtern ihm die Kontaktaufnahme. Er weiss um seinen gewinnenden Charme, und sein angenehm unaufdringliches Auftreten führt dazu, dass er überall gern gesehen ist und man sich in seiner Nähe wohl fühlt. Ein ausgeprägtes ästhetisches Empfinden verleiht ihm ausserdem einen sicheren Geschmack und ein feinsinniges Verständnis für Formen und Farben.

Da er sich selbst nur schwer entscheiden kann und auch nicht direkt und offensiv vorgehen mag, ergänzt ihn ein dynamisches, willensstarkes Gegenüber, dem es leichtfällt, Entscheidungen zu treffen. Er schätzt Menschen, die risikofreudig sind und sich durchsetzen können. Sie geben ihm belebende Impulse, durch die er sich aufgefordert fühlt, seine Antriebsarmut zu überwinden, selbst mehr Initiative zu zeigen und Farbe zu bekennen. Durch solche Begegnungen sollen mehr Aufregung und Schwung in sein Leben kommen.

Die Beziehung wird für ihn so zu einem Ort, wo der eigenen Standpunktlosigkeit markante Akzente entgegengesetzt werden. In der ständigen Auseinandersetzung mit seinem Gegenüber kann er allmählich Ecken und Kanten entwickeln und lernen, seine Anliegen entschiedener durchzusetzen. Lässt er sich zudem von der Unternehmungslust des Partners anstecken, liegt darin für ihn die Chance, auch für eigene Projekte und Ziele mehr Kraft und Energie aufzubringen. Gemeinsame sportliche Aktivitäten und Abenteuerurlaube gehören ebenso zu dieser Beziehungsform wie ein hitziger Beziehungsalltag, aber auch die Freude, spontanen Impulsen unmittelbar nachzugeben.

Doch oftmals stört er sich an der Konfliktfreudigkeit anderer und versteht nicht, wieso er als friedliebendes Wesen immer wieder angegriffen, überrannt oder an die Wand gespielt wird. Dadurch kann in ihm als Verzerrung ein Feindbild gegenüber allem Widderhaften entstehen, das ihn Durchsetzungskraft als Aggression und Entschlossenheit als nackte Ellenbogenmentalität erleben lässt, alles rohe, niedere menschliche Triebe, die er mit seinem feinen, waagehaften Taktgefühl als primitiv und unzivilisiert verachtet.

In Beziehungen kann er lernen, sich offensiver mit anderen auseinanderzusetzen, risikofreudiger zu werden und seine persönlichen Standpunkte engagierter zu vertreten. Dadurch kann er sich beherzt für Frieden und Harmonie einsetzen, statt nur mit frommem Wunschdenken und konfliktscheuen Vermeidungsstrategien beschönigend über alles Unangenehme in der Welt hinwegzusehen.

Sportliches Miteinander: Deszendent Widder

Deszendent Stier (Aszendent Skorpion)

Beziehungsform: *der Treuebund*
Idealbild: *die Sinnliche / der Geniesser*
Feindbild: *die Hausbackene / der Biedermann*
Thema: *Beständigkeit*
Ziel: *Vertrauen*

Das Auftreten des Skorpion-Aszendenten ist kontrolliert und abwartend. Mit Röntgenaugen scheint er sein Gegenüber zu beobachten und zu durchdringen, ohne dabei etwas von sich selbst preiszugeben. Ihm erscheint das Leben wie eine ständige Herausforderung, bei der er sich behaupten muss. Sein Vertrauen in andere ist gering. Um sich sicher zu fühlen, versucht er durch geschickte Beeinflussung und mehr oder weniger subtile Manipulation Kontrolle über seine Umgebung zu gewinnen. Wenn er sein Pokerface aufsetzt, wirkt er oft unnahbar. Aber gerade weil er sich nicht sogleich in die Karten blicken lässt, erscheint er auch unwiderstehlich und faszinierend.

Da er im Leben immer wieder tiefe Wandlungsprozesse durchläuft, ergänzt ihn ein vertrauensvolles Gegenüber, das ruhige Zuversicht, unerschütterliche Gelassenheit und positive Lebensbejahung ausstrahlt und bei dem er sich auch in Krisenzeiten sicher und wohl fühlen kann. Er schätzt zuverlässige Menschen, die da sind, wenn man sie braucht, und ihm durch ihre Beständigkeit und Treue festen Halt geben. Ihre Ausgeglichenheit bildet einen stabilen Gegenpol zu seiner eigenen unberechenbaren Natur.

Die Partnerschaft ist für ihn damit ein Ort, wo man sich gemeinsam der materiellen Annehmlichkeiten und der sinnlichen Genüsse des Lebens erfreut. Weil er einerseits dem Leben misstrauisch gegenübersteht, andererseits Körperlichkeit und Erotik für ihn eine wichtige Rolle spielen, weiss er eine feste und sinnliche Beziehung zu schätzen. Durch die vertraute Nähe zu einem Partner fühlt er sich wertgeschätzt, sicher und geborgen. Darin liegt für ihn die Chance, dass er selbst mit der Zeit ein tieferes Vertrauen in das Leben und ein grösseres Bewusstsein für beständige Werte entfaltet. Eine gemütliche Atmosphäre, eingespielte Rituale und Geselligkeit gehören ebenso zu dieser Beziehungsform wie das Bedürfnis nach klaren, dauerhaften Verhältnissen.

Doch oftmals tut er sich auch schwer mit der Unbeirrbarkeit der andern und versteht nicht, wie man sich so standhaft gegen Veränderungen wehren kann. Dadurch kann sich in ihm als Verzerrung ein Feindbild gegenüber dem Stierhaften entwickeln, das ihm Friedfertigkeit als Konfliktscheue erscheinen lässt und beharrliche Bedächtigkeit als reinen Unwillen, sich den lebendigen Wandlungsprozessen zu stellen. Beides bewertet er als Schwächen, die er mit seiner engagierten, kompromisslosen Skorpion-Natur zutiefst verabscheut.

In Beziehungen kann er lernen, nicht in Kontrollsucht und Machthunger zu erstarren und darüber den Sinn für die Schönheiten und Genüsse des Lebens zu verlieren. In dem Masse, wie sein Vertrauen in andere wächst, wird er seinen Schutzpanzer aus beissendem Sarkasmus ablegen können und damit seine enorme Gefühlstiefe zum Vorschein bringen. Dann kann er für andere zum Vorbild werden, wo immer es darum geht, seine Kräfte mit sicherem Instinkt und Unerschrockenheit engagiert in den Dienst der Gemeinschaft zu stellen.

Gemütliches Miteinander: Deszendent Stier

Deszendent Zwillinge (Aszendent Schütze)

Beziehungsform: *die Interessengemeinschaft*
Idealbild: *die Vielseitige / der Unterhaltsame*
Feindbild: *die Neunmalkluge / der Schnösel*
Thema: *Abwechslung*
Ziel: *Differenzierung*

Der Schütze-Aszendent hat eine optimistische Grundstimmung, weil er spürt, dass er auf dieser Welt willkommen und zu Höherem berufen ist. Mit seinem jovialen, enthusiastischen Auftreten versteht er es, Menschen zu begeistern und mitzureissen. Dabei ist er stets davon überzeugt, im Recht zu sein und andern gegenüber Vorbildfunktion zu haben, was sich in seiner bisweilen belehrenden Art zeigt. Er will in jeder Hinsicht hoch hinaus, und sein Hang zur Übertreibung spiegelt sich manchmal auch in pathetischer Gestik und «Übergrössen» aller Art. Weil er an sich und seinen Auftrag glaubt, begegnet er seiner Umgebung mit Grosszügigkeit, Idealismus und unerschütterlichem Gottvertrauen.

Da er selbst lieber die grossen Dimensionen vor Augen hat, ergänzt ihn ein vielseitig interessiertes Gegenüber, das ihn auf die nicht unwichtigen Details und feinen Unterschiede aufmerksam macht. Er sucht den regen Austausch in Form von Gesprächen, und ihn überzeugen Menschen, die sich sprachlich gut ausdrücken können, die witzig, geistreich und belesen sind. Wo er selbst gern den weiten Bogen spannt und den Sinn des Ganzen verkündet, erwartet er von anderen die Feinarbeit, das Zusammentragen von Fakten und Informationen, die von ihm in das Gesamtbild eingewoben werden.

Die Beziehung ist für ihn damit ein Ort, wo geistige Anregungen und neue Impulse die eigenen Visionen und Pläne differenzieren und ergänzen. Er schätzt einen Partner, der ihm durch kritische Aufmerksamkeit hilft, sich nicht in den unendlichen Weiten geistiger Höhenflüge zu verlieren, sondern Ideen und Konzepte in kleinere Schritte zu unterteilen und sie dadurch nach und nach zu verwirklichen. Darin liegt für ihn die Chance, den Blick und auch die Wertschätzung für das Einfache und die Liebe zum Detail zu entwickeln, was ihm hilft, realitätsbezogener zu planen. Der Besuch kultureller Veranstaltungen, anregende Gespräche, ein abwechslungsreicher Alltag sowie ein grosser Bekanntenkreis sind wichtige Bestandteile dieser Beziehungsform.

Doch oftmals empört er sich über die ewigen Zweifel und die Ungläubigkeit der andern, und er kann nicht verstehen, wie man so sehr auf nichtssagende Neuigkeiten versessen sein kann, so sehr an Binsenweisheiten hängt und keinen Blick für das Wesentliche entfaltet. Dadurch kann in ihm als Verzerrung ein Feindbild gegenüber dem Zwillingehaften entstehen, das ihm kritisches Hinterfragen als krankhaftes Zweifeln, Zerstreutheit und vielseitiges Interesse sogar als Ausdruck mangelnder geistiger Reife erscheinen lassen, was er mit seinem schützehaften Hang zu Höherem herablassend als profan und banal abstempelt.

In Beziehungen kann er lernen, sich auch Meinungen und Standpunkte anderer anzuhören und zu verstehen, dass es nicht die einzig gültige Wahrheit gibt. Eine gesunde Skepsis lässt dann seinen Dogmatismus einer liberalen Weltsicht weichen. Durch die Berücksichtigung realer, objektiver Fakten läuft er zudem nicht Gefahr, die Wirklichkeit aus den Augen zu verlieren und mit pathetischer Geste Thesen zu vertreten, die sich schon bei etwas näherer Betrachtung als absolut dilettantisch erweisen.

Kommunikatives Miteinander: Deszendent Zwillinge

Deszendent Krebs (Aszendent Steinbock)

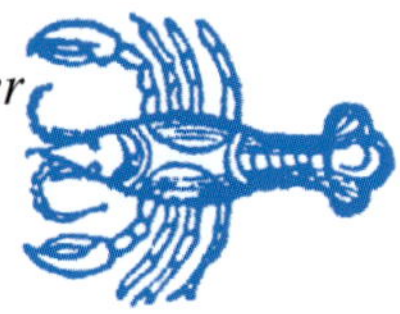

Beziehungsform: *die Familie*
Idealbild: *die Mütterliche / der Romantiker*
Feindbild: *die Glucke / der Pantoffelheld*
Thema: *Nestwärme*
Ziel: *Berührbarkeit*

Der Steinbock-Aszendent lässt seine Kindheit meist schneller als andere hinter sich. Sein Ehrgeiz und ein starkes Bedürfnis nach Anerkennung treiben ihn schon früh zu Höchstleistungen an. Wo andere Schwäche zeigen, beisst er auf die Zähne, und gerade in schwierigen Situationen erweist er sich als höchst belastbar. Er macht sich keine falschen Hoffnungen und weiss, dass er nicht nur zum Vergnügen auf der Welt ist. Sein Auftreten ist eher schlicht und unspektakulär, bisweilen auch humorlos und verschlossen. Er gewinnt gewiss nicht durch sprühende Ausgelassenheit, dafür aber durch seine Aufrichtigkeit und eine klare Linie, die spätestens beim zweiten Blick überzeugt.

Da er selbst häufig im kalten Gegenwind steht, ergänzt ihn ein feinfühliges Gegenüber, das ihm mit einem warmen Nest eine familiäre Atmosphäre schafft, in die er sich nach getaner Arbeit zurückziehen kann. Deshalb fühlt er sich von Menschen angezogen, die mütterliche Wärme ausstrahlen und andere gern umsorgen und sich ihre emotionale Berührbarkeit erhalten haben. Von ihnen erhofft er sich Zärtlichkeit, liebevolles Verständnis und vertraute Nähe. Während er seinen Platz in der Öffentlichkeit sieht, geniesst er es um so mehr, in der Beziehung zu Hause zu sein.

Die Partnerschaft wird für ihn damit zum Ort, wo er seelisch auftanken kann und vor den Widrigkeiten des Lebens Schutz und Geborgenheit findet, bevor er sich neuen Aufgaben stellt. Das Einfühlungsvermögen und die reiche Phantasie seines Gegenübers lassen ihn die Härten des Lebens für einen Moment vergessen und bilden einen farbigen Kontrapunkt zu seiner nüchternen Wirklichkeit. Wenn seine harte Schale durch eine gefühlsintensive Beziehung weicher wird, liegt darin für ihn auch die Chance, seine eigenen Gefühle und Bedürfnisse besser kennenzulernen. Ein vertrauter, familiärer Rahmen, gefühlvolle Romantik und genügend Privatsphäre gehören ebenso zu dieser Beziehungsform wie die Freude, für jemanden sorgen zu können.

Aber er hat auch immer wieder mit der mimosenhaften Empfindlichkeit, Anhänglichkeit und Abhängigkeit anderer seine liebe Mühe. Dann kann er beim besten Willen nicht verstehen, wie man sich aus reiner Unselbständigkeit vor jeder Verantwortung drücken kann. Daraus entsteht in ihm als Verzerrung das Feindbild gegenüber dem Krebshaften, das ihm Verletzbarkeit, Schüchternheit und Scheu als mangelnde Reife und Wehleidigkeit erscheinen lassen, was für ihn mit seiner harten, steinböckischen Selbstdisziplin völlig unakzeptabel ist.

In Beziehungen kann er lernen, dass Verantwortung sich nicht nur auf äussere Aufgaben und Pflichten bezieht, sondern ebenso in der Achtsamkeit gegenüber eigenen und fremden Bedürfnissen besteht. Diese Einsicht macht ihn auch sensibler gegenüber eigenen seelischen Anliegen und lässt ihn den Wert familiärer Geborgenheit erkennen. Dadurch reift er im Laufe der Zeit zu einem charakterlich starken und zugleich gefühlvollen Menschen heran, der sich nicht länger hinter einer Mauer aus Regeln und Normen verstecken muss.

Familiäres Miteinander: Deszendent Krebs

Deszendent Löwe (Aszendent Wassermann)

Beziehungsform: *der Flirt*
Idealbild: *die Herzliche / der Erfolgreiche*
Feindbild: *die Primadonna / der Angeber*
Thema: *Lebensfreude*
Ziel: *Beherztheit*

Der Wassermann-Aszendent hat ein ausgesprochenes Interesse an der menschlichen Gesellschaft und begegnet seiner Umgebung entsprechend offen und freundlich. Allzuviel Nähe lässt er mit seiner coolen und quirligen Art jedoch selten aufkommen, wodurch er bisweilen auch etwas distanziert und unberechenbar wirkt. Er hat einen Blick für das Unkonventionelle, und als ob er Angst hätte, einfach nur normal zu sein, zeigt er sich seiner Umwelt immer wieder überraschend anders, provozierend und eigenwillig. Dank seiner Toleranz, seiner Flexibilität und seinem regen Interesse am Zeitgeist erhält er sich seine Jugendlichkeit auch in reiferen Jahren.

Da er selbst gern unverbindlich bleibt und sich eher als Sonderling erlebt, ergänzt ihn ein vitales Gegenüber, das sich selbstbewusst in Szene setzen kann und mit seiner herzlichen Ausstrahlung die Menschen für sich einnimmt. Er ist fasziniert von starken Persönlichkeiten, die ein gesundes Selbstvertrauen haben und erfolgreich im Leben stehen. Sie bieten ihm die Bühne, auf der er sich kreativ ausleben kann, indem er seine individuellen Fähigkeiten optimal entfaltet.

Die Beziehung wird für ihn so zum Ort, wo Lebensfreude herrscht und all das gemeinsam unternommen wird, was Spass macht. Dank der gewinnenden Herzlichkeit seines Partners nimmt er mehr am gesellschaftlichen Leben teil, was seine Tendenz zur Einsiedelei mindert und ihn besser in die Gemeinschaft integriert. Von der Partnerschaft wünscht er sich, dass sie ihn auf die Sonnenseite des Lebens bringt. Grosszügigkeit und ein Hauch von Luxus bieten den geeigneten Rahmen für seine Extravaganz. Die Freude, sich gemeinsam etwas zu gönnen und gelegentlich im Rampenlicht zu stehen, gehört ebenso zu dieser Beziehungsform wie die Erfahrung, als Paar eine starke Wirkung auf die Umgebung auszuüben.

Doch oftmals rebelliert er auch gegen die selbstsichere Souveränität der andern und deren erhabene Art, soziale Ungerechtigkeiten einfach zu übersehen und hierarchische Gesellschaftsstrukturen nicht zu hinterfragen. Daraus kann in ihm als Verzerrung ein Feindbild gegenüber allem Löwehaften entstehen, das ihm selbstbewusstes Auftreten als rein elitäres Verhalten und Grosszügigkeit als eitle Verschwendungssucht erscheinen lässt, was er mit seinem wassermännischen Gemeinschaftssinn als Ausdruck eines mangelnden sozialen Verantwortungsbewusstseins bewertet und als inhuman verurteilt.

In Beziehungen kann er lernen, dass selbst die besten Ideen erst dann Wirklichkeit werden, wenn sie nicht nur als theoretische Gedankenkonstrukte ausgedacht, sondern kreativ, beherzt und mit echter Persönlichkeit auch konkret umgesetzt werden. Nur ein entschlossener Einsatz und ein überzeugendes, nachhaltiges Engagement vermögen seinen humanitären Anliegen zum Durchbruch zu verhelfen. So kann er tatsächlich zum mutigen Vorreiter einer im besten Sinne menschlicheren Gesellschaft werden, anstatt nur in Utopia darüber zu philosophieren.

Grosszügiges Miteinander: Deszendent Löwe

Deszendent Jungfrau (Aszendent Fische)

Beziehungsform:	*die Arbeitsgemeinschaft*
Idealbild:	*die Tüchtige / der Praktiker*
Feindbild:	*die Prüde / der Nörgler*
Thema:	*Ordnung*
Ziel:	*Verwirklichung*

Der Fische-Aszendent verfügt über eine erstaunliche Wandlungsfähigkeit und kann sich seiner Umwelt in immer wieder neuen Erscheinungsformen präsentieren. Dies führt dazu, dass man ihn nicht leicht einschätzen kann. Manchmal verschmilzt er auch symbiotisch mit seiner Umgebung, und seine Eigenstruktur wird dadurch so verschwommen, dass man ihn schlichtweg übersieht. So ganz von dieser Welt scheint er nicht zu sein. Nur ungern steht er im Mittelpunkt, und es tut ihm gut, wenn er sich von Zeit zu Zeit in seine Tagträume zurückziehen kann. Oft hat er eine künstlerische Ader, und seine subtile Wahrnehmung der Wirklichkeit macht ihn nicht nur für mediales Erleben empfänglich, sondern auch für die Bedürfnisse seiner Umgebung.

Da er selbst eher defensiv und verträumt im Leben steht, ergänzt ihn ein nüchternes Gegenüber, das die Dinge grundsätzlich pragmatisch und kritisch betrachtet und ihn davor bewahrt, trügerischen Illusionen nachzulaufen. Er fühlt sich zu Menschen hingezogen, die eine gute Lebenstüchtigkeit besitzen und den Alltag problemlos bewältigen. Weil bei ihnen alles seine Ordnung hat und vorhersehbar ist, weiss er genau, womit er rechnen kann und muss. Dieser feste Rahmen gibt ihm Halt und Sicherheit.

Die Partnerschaft wird für ihn damit zum Ort, wo Struktur und verbindliche Abmachungen ihn eingrenzen und damit seiner Neigung, sich ungreifbar zu machen oder einfach Weltflucht zu betreiben, entgegenwirken. Gerade weil er selbst so grenzenlos ist, sucht er die Ergänzung in einer durch Pflichten und Regeln klar definierten Beziehung. Der Gefahr, sich zu verlieren oder durch äussere Einflüsse weggeschwemmt zu werden, kann sein pragmatischer Partner erdhafte Schutzwälle entgegensetzen. Das macht es ihm möglich, sich auch im Chaos zu orientieren und dadurch das Leben mit seinen täglichen Anforderungen besser zu meistern. Keine grossen Aufregungen, sondern überschaubare

Abläufe, realistische Pläne und vor allem ein gut funktionierendes Zusammenleben prägen diese Beziehungsform.

Doch immer wieder leidet er auch unter der Nüchternheit der andern und versteht nicht, wie man so phantasielos sein kann und sich gegenüber allem Irrationalen verschliesst. Dann kann in ihm als Verzerrung ein Feindbild gegenüber dem Jungfrauhaften entstehen, das ihm Nüchternheit als reine Abstumpfung und Perfektion oder Ordnungsliebe als zwanghaftes, kleinbürgerliches Spiessertum erscheinen lässt. Durch seine schillernde, fischehafte Brille betrachtet, sind ihm diese Wesenzüge alles in allem zu farblos, spröde, viel zu eng und langweilig.

In Beziehungen kann er lernen, dass der Blick für das Wesentliche und für die realen Gegebenheiten notwendig ist, um nicht in Illusionen und Schwärmereien unterzugehen. Nur wenn er seine Aufmerksamkeit auch auf das Detail richtet, wird er sich nicht im Ganzen verlieren. Dann kann er verstehen, dass wahre Mystik meist im nüchternen, unspektakulären Gewand daherkommt und auch im Alltag gelebt werden will. So lernt er sein grenzenloses Verständnis und seine allumfassende Hingabe zu leben, ohne sich ausnutzen zu lassen oder zum Opfer zu werden.

Praktisches Miteinander: Deszendent Jungfrau

Deszendent Waage (Aszendent Widder)

Beziehungsform: *die Ehe*
Idealbild: *die Ästhetin / der Kavalier*
Feindbild: *die Mimose / der Schönling*
Thema: *Ausgleich*
Ziel: *Entspannung*

Für den Widder-Aszendenten ist das Leben ein ständiger Wettbewerb um den ersten Platz, und den will er in jedem Fall für sich ergattern. Er begegnet der Welt mit Entschlossenheit und Mut und imponiert durch seine entwaffnende Offenheit. Im Auftreten ist er sehr direkt, und es kommt schon mal vor, dass er andere mit seiner ungestümen Heftigkeit überrennt. Selten geschieht dies aus bösem Willen, doch weil er durch und durch ein vorwärtsstürmender Einzelkämpfer ist, fehlt es ihm oft am Feingefühl für andere.

Da er selbst recht rauhbeinig und rücksichtslos sein kann, ergänzt ihn ein verständnisvolles, diplomatisches Gegenüber, das mit seiner kultivierten Art ausgleichend auf seine Impulsivität wirkt. Er fühlt sich von Menschen angezogen, die mit ihrem feinen, ästhetischen Empfinden Grobes veredeln und es verstehen, ihre Umgebung stilvoll zu gestalten. Was er an ihnen schätzt, ist ihre Fähigkeit, Kompromisse einzugehen und sich problemlos anzupassen, was seiner eigenwilligen Art natürlich sehr entgegenkommt.

Die Beziehung wird für ihn damit zu einem Ort, wo Gelassenheit und Freundlichkeit herrschen, während er sonst dem Leben kämpferisch und entschlossen die Stirn bietet. Mit der gleichen Selbstverständlichkeit, wie er sich die Freiheit nimmt, direkt und ungeschminkt zu sein, erwartet er von seinem Gegenüber, dass es sich kultiviert und friedfertig verhält, viel gute Laune verbreitet und Ausgeglichenheit in sein Leben bringt. Daraus erwächst ihm die Chance, mit der Zeit selbst gelassener zu werden, seine Ecken und Kanten im Umgang mit anderen etwas abzuschleifen und Rücksicht zu üben. Gesellschaftliche Kontakte, Einladungen mit Freunden und gemeinsame Freizeitvergnügen spielen in dieser Beziehungsform eine ebenso wichtige Rolle wie die Freude am gepflegten Lebensstil und an ästhetischen Genüssen jeglicher Art.

Doch oftmals ärgert er sich über die Unentschlossenheit der andern, weil er davon ausgeht, dass ihnen der Schein stets wichtiger ist als das Sein. Daraus kann in ihm als Verzerrung ein Feindbild gegenüber dem Waagehaften entstehen, das ihm Kompromissbereitschaft als feige Standpunktlosigkeit und ewige Harmoniesucht erscheinen lässt, Wesenszüge, die ihn mit seiner impulsiven, widderhaften Entscheidungsfreude zur Weissglut bringen.

In Beziehungen kann er lernen, dass Rücksichtnahme und Gelassenheit und vor allem die Bereitschaft, Kompromisse einzugehen, sein Leben in einen gesunden Rhythmus zwischen Spannung und Entspannung bringen. Dadurch vermag er seine Energien gezielter einzusetzen und findet so die Zeit, auch die Anliegen seiner Umwelt bei seinen Aktionen zu berücksichtigen. Wenn er dann erlebt, wie andere auch ihn unterstützen, begreift er, dass er nicht alles alleine bewältigen muss. So kann er Grosses leisten, ohne sich völlig zu verausgaben oder andere an den Rand zu drängen.

Harmonisches Miteinander: Deszendent Waage

Deszendent Skorpion (Aszendent Stier)

Beziehungsform: *die leidenschaftliche Verstrickung*
Idealbild: *die Geheimnisvolle / der Unwiderstehliche*
Feindbild: *die Skrupellose / der Machthungrige*
Thema: *Provokation*
Ziel: *Wandlung*

Bedächtig und voller Vertrauen begegnet der Stier-Aszendent dem Leben. In seiner bodenständigen Art verströmt er viel Ruhe und Geduld. Leicht verändert er seinen Standort nicht, schon gar nicht, wenn er einmal Wurzeln geschlagen hat und sich wohl und sicher fühlt. Er lässt sich Zeit und kann gut auf günstige Gelegenheiten warten. Bis dahin freut er sich genüsslich über die schönen Seiten des Lebens. Das lässt ihn manchmal träge erscheinen, und sein Unwille gegenüber Neuem kann bisweilen auch in Sturheit umschlagen. Doch grundsätzlich begegnet er seiner Umgebung gutmütig und mit viel Wohlwollen.

Da er selbst nicht so leicht in Bewegung kommt, ergänzt ihn ein provokantes Gegenüber, dessen überraschende Offensiven ihn immer wieder aus der Ruhe bringen und ihn so daran hindern, sich seiner Trägheit zu überlassen und in alten Gewohnheiten zu erstarren. Ihn faszinieren Menschen, die etwas Geheimnisvolles ausstrahlen und deren leidenschaftliche Art seine starke Sinnlichkeit stimuliert. Von ihnen verspricht er sich mehr Aufregung und Intensität in seinem sonst eher gemächlichen Alltagsleben.

Die Partnerschaft ist für ihn ein Ort, wo Leidenschaft nicht nur ein Wort, sondern gelebte Erfahrung wird. Seine gemütliche Beschaulichkeit soll durch die geheimnisvolle Ader seines Partners gefesselt, durchdrungen und befruchtet werden. Ein aufwühlendes Beziehungsleben mit immer neuen Herausforderungen, Krisen und intensiven Erfahrungen kostet ihn zwar Kraft, lässt ihn aber auch erkennen, dass das einzig Sichere der ständige Wandel ist. Daraus kann er lernen, Altes loszulassen und unnötigen Ballast nicht ewig mit sich herumzuschleppen. Eine lebendige, lustvolle Sexualität und die Bereitschaft, Höhen und Tiefen gemeinsam zu bewältigen, gehören ebenso zu dieser Beziehungsform wie der mögliche Zuwachs an Geld, Macht und Einfluss.

Doch oftmals tut er sich schwer mit der Kompromisslosigkeit und Intensität der andern, und er versteht nicht, wieso man ständig alle Gegebenheiten hinterfragen und Bewährtes immer wieder zerstören muss. Daraus kann in ihm als Verzerrung auch das Feindbild gegenüber dem Skorpionhaften entstehen, was ihm das Bohren in die Tiefe als Destruktivität und seelische Einflusskraft als Machtgier erscheinen lässt, Gefahren, die er mit seiner bewahrenden, friedfertigen Stier-Natur als äusserst bedrohlich erlebt.

In Beziehungen kann er lernen, dass die Bereitschaft zur Veränderung und der Mut zum Risiko nicht nur bedrohlich sind, sondern dem Leben einen vielfarbigen Facettenreichtum verleihen. Damit wächst auch sein Vertrauen, selbst dann auf lebendigem und nährendem Boden zu stehen, wenn äusserlich vieles im Umbruch ist. So strahlt er eine tiefe Ruhe und Gelassenheit aus, die letztlich losgelöst von materiellem Besitz und scheinbaren Sicherheiten ist.

Leidenschaftliches Miteinander: Deszendent Skorpion

Deszendent Schütze (Aszendent Zwillinge)

Beziehungsform: *die Weggefährten*
Idealbild: *die Weltoffene / der Optimist*
Feindbild: *die Moralistin / der Besserwisser*
Thema: *Überblick*
Ziel: *Synthese*

Voller Neugierde und mit wachem Interesse begegnet der Zwillinge-Aszendent dem Leben. Leicht knüpft er Kontakte, bringt Menschen zusammen, sammelt neugierig alle Informationen und gibt sie bereitwillig weiter. Dank seiner unkomplizierten Art passt er sich geschickt den jeweiligen Umständen an und beweist im Umgang mit alltäglichen Problemen viel Flexibilität. Er ist flink, doch manchmal kann er in seiner Ruhelosigkeit auch hektisch und zerstreut wirken. Sich festzulegen fällt ihm immer wieder schwer, weil er befürchtet, dadurch etwas anderes zu verpassen. So kann es sein, dass er vor lauter Ideen gar nicht zum Handeln kommt, denn bis er etwas angefangen hat, ist ihm schon längst wieder etwas Neues eingefallen.

Da er sich selbst leicht im Detail verliert und dann den Wald vor lauter Bäumen nicht mehr sieht, ergänzt ihn ein Gegenüber, das ihm grössere Zusammenhänge aufzeigen kann und ihn davor bewahrt, in der Fülle der Möglichkeiten, im täglichen Kleinkram oder in Belanglosigkeiten unterzugehen. Ihn interessieren Menschen, die begeisterungsfähig, weltoffen und tolerant sind. Von ihnen erhofft er sich, weit über Altbekanntes hinauszublicken und sowohl räumlich wie geistig zu neuen Horizonten zu gelangen.

Die Beziehung ist für ihn der Ort, wo gemeinsam langfristige Pläne und Zukunftsvisionen entstehen, die ihm Sinn und Hoffnung vermitteln. Der Optimismus und die wohlwollende Unterstützung seines Gegenübers sollen Schwung in sein oft zu sachliches Leben bringen und ihm die Augen für neue Bereiche und unbekannte Gebiete öffnen. Daraus kann für ihn ein Vertrauen in grössere Gesetzmässigkeiten erwachsen, die jenseits seines logischen Verstandes liegen. Gemeinsame Reisen und Gespräche über Gott und die Welt gehören ebenso zu dieser Beziehungsform wie ein grosszügiger Lebensstil und die Freude am Schmieden gemeinsamer Zukunftspläne.

Aber es nervt ihn, wenn er sich durch das weltmännische Auftreten und die selbstüberzeugte Haltung der andern bevormundet oder belehrt fühlt. Daraus kann in ihm als Verzerrung ein Feindbild gegenüber dem Schützehaften entstehen, das ihm starke Überzeugungen als reine Besserwisserei, Selbstsicherheit als Arroganz und Grosszügigkeit als masslose Übertreibung erscheinen lässt. Charakterzüge, für die er mit seiner sachlichen, zwillingehaften Kühle allenfalls ein zynisches Lächeln übrig hat.

In Beziehungen kann er lernen, sich nicht im Detail zu verlieren, sondern das grössere Ganze im Auge zu behalten und dabei klar zwischen Binsenwahrheiten und wertvollen Einsichten zu unterscheiden. So kann er seine ewigen Zweifel überwinden und zu echten Überzeugungen gelangen, die es ihm ermöglichen, sinnvolle und langfristige Perspektiven zu entwickeln.

Unternehmungslustiges Miteinander: Deszendent Schütze

Deszendent Steinbock (Aszendent Krebs)

Beziehungsform: *der Lebensbund*
Idealbild: *die Pflichtbewusste / der Zuverlässige*
Feindbild: *die Strenge / der Griesgram*
Thema: *Rückendeckung*
Ziel: *Eigenverantwortlichkeit*

Wie der Krebs-Aszendent die Welt wahrnimmt, hängt ganz von seiner Stimmung und oftmals von äusseren Einflüssen ab. Sein Feingefühl macht ihn empfänglich für die Bedürfnisse anderer, setzt ihn aber zugleich der Gefahr aus, von seiner Empfindsamkeit überwältigt zu werden. Er ist nicht gern in der Fremde oder unter Fremden, aber auch nicht gern allein. Am liebsten bewegt er sich im engen Kreis vertrauter Menschen. Er hat etwas Scheues, und manchmal lässt ihn seine Ängstlichkeit auch bei notwendigen Schritten allzulange zögern. Andere fühlen sich von seiner zurückhaltenden und fürsorglichen Art angezogen und wissen seine liebevolle Hilfsbereitschaft sehr zu schätzen.

Da er selbst eher vorsichtig und manchmal etwas orientierungslos im Leben steht, ergänzt ihn ein gefestigtes, starkes Gegenüber, das ihm Vertrauen und Halt gibt. Er fühlt sich zu Menschen hingezogen, die konsequent ihre Ziele verfolgen, diszipliniert sind und ihm durch ihre Belastbarkeit den Rücken decken. Ihre reife Ausstrahlung und verantwortungsvolle Haltung vermitteln ihm Sicherheit und Stärke, und in ihrer Gegenwart erfährt sein wechselhaftes Wesen mehr Struktur und Beständigkeit.

Die Beziehung wird für ihn dadurch zu einem Ort, wo er Schutz und Unterstützung findet, wo Treue grossgeschrieben wird und man sich jederzeit ganz und gar aufeinander verlassen kann. Gerade weil er selbst dazu neigt, auf alles emotional zu reagieren, schätzt er einen Partner, der alles im Griff zu haben scheint und infolge seiner Lebenserfahrung Kompetenz und Zuverlässigkeit ausstrahlt. Das gibt ihm den nötigen Rückhalt, um sich in der Welt zu behaupten und aufgrund eigener Erfolge allmählich unabhängig und selbständig zu werden. Klare Absprachen und selbstverständliche Treue gehören ebenso zu dieser Beziehungsform wie der Wunsch, gemeinsam etwas aufzubauen und gesellschaftliches Ansehen zu erlangen.

Doch empfindet er allzuviel Konsequenz und emotionale Beherrschtheit als unmenschlich, weil er nicht begreift, wie man sich selbst durch Tränen nicht für die Bedürfnisse anderer erweichen lassen kann. Daraus kann in ihm als Verzerrung ein Feindbild gegenüber dem Steinbockhaften entstehen, das ihm Ehrgeiz als Selbstkasteiung und Disziplin als gnadenlose Härte erscheinen lässt, Wesenszüge, vor denen er sich mit seiner krebshaften Empfindsamkeit instinktiv oder auch beleidigt zurückzieht.

In Beziehungen kann er lernen, sich in dieser Welt sicherer zu fühlen und seine Empfindsamkeit durch eine stabile Schale zu schützen, so dass er sich nicht länger vor Verletzungen fürchten muss und seine Bedürftigkeit nicht als Druckmittel gegen andere einsetzt. Dadurch kann er den selbständigen Schritt in die Aussenwelt wagen und dort seine Phantasie, seine Hilfsbereitschaft und seine starken Gefühle kreativ zum Ausdruck bringen. Mit zunehmender Eigenverantwortlichkeit vermag er sich in der Welt zu behaupten, ohne sich dabei von anderen Menschen abhängig zu machen.

Erfolgreiches Miteinander: Deszendent Steinbock

Deszendent Wassermann (Aszendent Löwe)

Beziehungsform: *die tolerante Verbindung*
Idealbild: *die Individualistin / der Freigeist*
Feindbild: *die Rebellin / der Sonderling*
Thema: *Freiheit*
Ziel: *Toleranz*

Der Löwe-Aszendent ist nicht zu übersehen, denn seine äussere Erscheinung ist häufig attraktiv und sein Gang stolz und aufrecht. Aus Freude an Wirkung, Anerkennung und Beifall setzt er sich gern mit viel Kreativität und gewinnendem Charme gekonnt in Szene. Im Bewusstsein seiner Wichtigkeit begegnet er der Welt selbstsicher und strahlend, was ihm in der Regel auch die gewünschte Aufmerksamkeit und viel Sympathie einbringt. Dann fällt es ihm meist nicht schwer, sich von seiner grosszügigen, warmherzigen Seite zu zeigen. Wer aber seiner Person zuwenig Beachtung schenkt, kann ihn auch recht überheblich und herablassend erleben.

Da er selbst gerne im Zentrum steht und Nabelschau betreibt, ergänzt ihn ein tolerantes Gegenüber, das von äusserer Beachtung weitgehend unabhängig ist, sich eher exzentrisch verhält und ihm den Blick für geistige Werte jenseits von Erfolg und Macht öffnet. Er bewundert Menschen, die sich nicht an die Norm anpassen und unbeirrt von gesellschaftlicher Anerkennung oder Akzeptanz ihren individuellen Weg gehen. Sie sollen ihn mit ihren eigenwilligen Vorschlägen und ungewöhnlichen Ideen intellektuell inspirieren und zu neuen Taten anregen.

Die Beziehung wird für ihn damit zu einem Ort, wo jeder die Möglichkeit hat, sich frei zu entfalten, ohne dass unnötige Verpflichtungen die individuelle Entwicklung hemmen. Weil er sonst soviel für sein Ansehen tut, geniesst er gerade innerhalb der Beziehung eine lockere und eher lässige Atmosphäre. Er schätzt es, wenn sein Partner sich die Freiheit nimmt, sich völlig unangepasst zu verhalten, ohne dabei Effekthascherei zu betreiben. Für ihn bedeutet das die Gelegenheit, originelle Vorschläge und neue Ideen aufzugreifen und mit der Kraft seiner Persönlichkeit salonfähig zu machen. Ein grosser Freundeskreis mit manch schillernder Figur und schrägen Paradiesvögeln gehört ebenso zu dieser unkonventionellen Beziehungsform wie Fairness, Toleranz sowie ein Zusammenleben mit immer neuen Spielregeln und ungewöhnlichen Experimenten.

Doch oftmals missfällt ihm auch die exzentrische, unverbindliche Art der andern, und er versteht nicht, wieso man sowenig persönliches Engagement zeigen kann und kaum Verpflichtungen eingeht. Daraus kann sich in ihm als Verzerrung ein Feindbild gegenüber dem Wassermannhaften konstellieren, das ihm Andersartigkeit und Extravaganz als mangelhafte Charakterstärke erscheinen lässt und Nonkonformismus als subversive Untergrabung von natürlichen Hierarchien. Freiheiten, die er mit seiner löwehaften Autorität natürlich nicht dulden kann.

In Beziehungen kann er lernen, dass Ruhm allein nicht glücklich macht, Selbstverwirklichung nie auf Kosten anderer geschehen darf und ein Teil der persönlichen Kraft stets für gemeinschaftliche Ziele eingesetzt werden sollte. Entwickelt er sich in seinem königlichen Bewusstsein zum ersten Diener seines Volkes, wird er nicht nur seiner wahren Aufgabe als «primus inter pares» bestens gerecht, sondern wird darüber hinaus auch herzlicher und toleranter, ohne dabei gönnerhaft zu wirken.

Unkonventionelles Miteinander: Deszendent Wassermann

Deszendent Fische (Aszendent Jungfrau)

Beziehungsform: *die Traumbeziehung*
Idealbild: *die Muse / der Künstler*
Feindbild: *die Chaotin / der Feigling*
Thema: *Sehnsucht*
Ziel: *Inspiration*

Das Auftreten des Jungfrau-Aszendenten ist eher vorsichtig und zurückhaltend. In seiner genügsamen Art passt er sich den jeweiligen Umständen an und vermeidet so unnötigen Kräfteverschleiss. Mit seinem analytischen Blick vermag er Situationen sofort richtig einzuschätzen, sachlich zu beurteilen und angemessen darauf zu reagieren. Überstürzte Handlungen oder kopflose Spontanentscheide sind nicht seine Sache. Weil ihn Unvorhergesehenes und Irrationales verunsichern, entwickelt er eine ausgeprägte Ordnungsliebe, die ihm helfen soll, jegliches Chaos in seinem Leben zu vermeiden.

Da er selbst eher pragmatisch veranlagt ist, ergänzt ihn ein zauberhaftes Gegenüber, das ihn den grauen Alltag vergessen lässt und ihn zwischendurch in die Welt der Träume und Phantasien entführt. Er ist beeindruckt von Menschen, die sich vertrauensvoll dem Unbekannten hingeben und ihren grenzenlosen Gefühlen freien Lauf lassen. Im Austausch mit ihnen ahnt er, dass es Phänomene und Dimensionen gibt, die weit über seinen rationalen Rahmen der erklärbaren Welt hinausgehen.

Die Partnerschaft wird für ihn so zu einem Ort, wo der nüchterne Alltag seine harten Konturen verliert und Wünsche nach inniger Verschmelzung und traumhaften Erfahrungen erfüllt werden. Gerade weil er selbst so sachlich im Leben steht, erhofft er sich durch die Beziehung mehr schillernde Farbe. Er bewundert an seinem Partner dessen schöpferische Ader und die Selbstverständlichkeit, mit der dieser sich in unsichtbaren Welten zu bewegen scheint. Dadurch hat er aber auch oft das Gefühl, ihn nicht konkret fassen zu können, weil er ihm immer wieder in andere Wirklichkeiten entgleitet. Gerade darin liegt auch für ihn eine Chance, sich selbst auf diese Erfahrungen einzulassen und so neuen, faszinierenden Facetten des Lebens zu begegnen, die ihn wieder träumen lassen. Der Rückzug aus dem Alltag, gemeinsame

Phantasien und Visionen gehören ebenso zu dieser Beziehungsform wie die Freude an Kunst, Film, Musik und anderen medialen Genüssen.

Doch manchmal verzweifelt er an der Lebensuntüchtigkeit der andern und versteht nicht, wieso man sich nicht mehr in die Pflicht nehmen und zusammenreissen kann. Dadurch kann in ihm als Verzerrung ein Feindbild gegenüber allem Fischehaften entstehen, das Hingabe als Hilflosigkeit und Vertrauen in eine höhere Führung als Weltflucht und als mangelnden Willen zur Lebensmeisterung erscheinen lässt – alles Schwächen, die der Jungfrau-Aszendent mit seiner pragmatischen Haltung scharf kritisiert.

In Beziehungen kann er lernen, dass es zwischen Himmel und Erde auch Dinge gibt, die sich nicht messen, zählen und wiegen lassen. Öffnet er sich gegenüber den chaotischen, «unordentlichen» Aspekten des Lebens, entwickelt er ein grösseres Erlebnisspektrum und damit mehr Vertrauen und Hingabe an höhere, kosmische Gesetzmässigkeiten. So kann er erfahren, dass «in Ordnung zu sein» sich an grösseren Dimensionen orientiert als an durchorganisierten Alltagsritualen und engstirnigem Perfektionismus.

Geheimnisvolles Miteinander: Deszendent Fische

Planeten im siebten Haus

Neben dem Zeichen am Deszendenten sind es auch die Planeten im siebten Haus, die unser Erleben, unsere Erfahrungen und das Verhalten in Beziehungen widerspiegeln. Natürlich kann es sich auch hierbei wiederum um Qualitäten und Fähigkeiten handeln, die wir zumindest anfangs projizieren und damit nur als Eigenschaften unseres Gegenübers wahrnehmen. Dabei sind es vor allem die gegengeschlechtlichen Planeten, die besonders leicht auf den Partner übertragen werden.

Planeten im siebten Haus veranschaulichen, was wir in Beziehungen erleben und was uns in der Auseinandersetzung mit einem Du bewusst werden kann. Ballungen in diesem Bereich zeigen an, dass wir stark auf den Austausch mit anderen angewiesen sind, um uns mit diesen Qualitäten auseinanderzusetzen und sie dadurch allmählich als eigene Persönlichkeitsanteile erkennen zu können.

Sonne im siebten Haus

Für Menschen mit der Sonne im siebten Haus ist die Partnerschaft der zentrale Bereich ihrer Selbstentfaltung. Das Alleinsein fällt ihnen schwer, weil sie für ihr eigenes Identitätsgefühl die Spiegelung durch ein Du brauchen. Da sie kein grosses Bedürfnis nach Unabhängigkeit haben, sind sie meist schon früh dazu bereit, sich verbindlich auf einen Partner einzulassen. Sie wissen, dass sie im Austausch mit andern ihre Fähigkeiten am besten zum Ausdruck bringen können. Auch wenn sie selten dominant wirken, übernehmen sie im Umgang mit andern doch gerne die Führung. Sie möchten auch ihre Beziehungen aktiv gestalten, und es fällt ihnen leicht, dabei auch die Bedürfnisse ihres Partners miteinzubeziehen. Häufig wählen sie auch einen Beruf, wo sie viel mit Menschen zu tun haben oder andere beratend oder therapeutisch unterstützen können.

In der Projektion gelebt, ist ihnen die bewusste Entfaltung der eigenen Wesensnatur fremd. Sie bewundern Menschen, die wissen, was sie wollen, und sich selbst verwirklichen können. Doch werfen sie ihnen auch vor, dass sie sich zu wichtig nehmen, gerne im Mittelpunkt stehen und zuwenig Gemeinschaftssinn zeigen.

Mond im siebten Haus

Menschen mit dem Mond im siebten Haus verfügen über einen starken Gemeinschaftssinn. Für ihr emotionales Wohlbefinden brauchen sie den Kontakt mit anderen, nicht zuletzt auch über körperliche Nähe. Sind sie zu lange allein, geraten sie schnell einmal aus dem seelischen Gleichgewicht. In einer Partnerschaft suchen sie in erster Linie Geborgenheit und fürsorgliche Zuwendung. So fühlen sie sich von Menschen angezogen, die Wärme und Verständnis ausstrahlen und ihnen so das Gefühl vermitteln, stets für sie dazusein. Sie sind aber auch selbst bereit, den andern zu umsorgen, und gehen instinktiv auf dessen Bedürfnisse ein. Um die Gemeinsamkeit nicht zu gefährden, unterdrücken sie nicht selten die eigenen Bedürfnisse und passen sich den Wünschen des Partners an. Fühlen sie sich allerdings selbst von ihm vernachlässigt, neigen sie dazu zu schmollen, weil es sie enttäuscht, wenn der andere nicht spürt, dass sie jetzt seine Zuneigung brauchen.

In der Projektion gelebt, ist ihnen alles Mütterliche in ihrem eigenen Wesen unbekannt. Um so mehr schätzen sie die fürsorgliche Zuwendung durch einen feinfühligen Partner, fürchten sich aber davor, von seiner bemutternden Art verschlungen zu werden, und leiden immer wieder unter seiner Launenhaftigkeit.

Merkur im siebten Haus

Menschen mit Merkur im siebten Haus suchen in einer Beziehung vor allem den intellektuellen Austausch und wünschen sich einen Partner, mit dem sie sich durch gemeinsame Interessen verbunden fühlen. In der Partnerschaft steht für sie weniger körperliche oder emotionale Nähe im Vordergrund als vielmehr ein abwechslungsreiches Miteinander und immer neue Anregungen durch den Partner. Sie lieben es, stundenlang Gespräche zu führen, zu diskutieren, Informationen auszutauschen und sich gegenseitig über alle Neuigkeiten auf dem laufenden zu halten. Kommunikation ist für sie ein wesentlicher Ausdruck gegenseitiger Zuneigung. Manchmal führt dieser Wissensdurst und die Freude an der intellektuellen Auseinandersetzung allerdings auch zu einer allzu kopflastigen Annäherung an den Partner und das Beziehungsthema. So können sie im persönlichen Austausch, trotz allem Interesse am andern, durchaus auch unverbindlich wirken.

In der Projektion gelebt, ist ihnen alles Intellektuelle in der eigenen Wesensart unbekannt. Sie bewundern kluge Menschen, die sich sprachlich ausdrücken können und immer bestens informiert sind. Gleichzeitig ärgern sie sich aber auch über deren Unzuverlässigkeit und die nüchterne oder sogar berechnende Art im persönlichen Umgang.

Venus im siebten Haus

Menschen mit der Venus im siebten Haus fällt es leicht, Bindungen einzugehen, und nicht selten wird der Bund fürs Leben schon früh geschlossen. Ihre freundliche und wohlwollende Haltung gegenüber andern macht den Umgang mit ihnen leicht und angenehm. Sie brauchen die Bestätigung durch ein Du, um sich selbst liebenswert und attraktiv zu empfinden. Aber auch sie sparen nicht mit Liebesbekundungen und neigen dazu, den Partner zu idealisieren. Sie brauchen und suchen das harmonische Miteinander, indem man das Leben geniesst und sich gemeinsam kultureller und kulinarischer Genüsse erfreut. In der Partnerschaft möchten sie sich entspannen, und um den Frieden nicht zu stören, werden allfällige Misstöne ganz einfach überhört. Diese mangelnde Konfliktbereitschaft kann dazu führen, dass sie in Beziehungen den Schein oft mehr pflegen als das Sein. Dann wirken sie im persönlichen Austausch zwar äusserst charmant, aber auch etwas künstlich oder oberflächlich.

In der Projektion gelebt, sind sie unsicher in Fragen von Geschmack und Stil, und ihr eigener Charme kann ihnen ebenso fremd sein wie ihr Bedürfnis nach Harmonie. Um so mehr fühlen sie sich von kultivierten, galanten und stilsicheren Menschen angesprochen, die sich gekonnt auf dem gesellschaftlichen Parkett bewegen, deren Vordergründigkeit und Schönfärberei ihnen aber auch immer wieder Probleme bereitet.

Mars im siebten Haus

Menschen mit Mars im siebten Haus sehen Beziehungen als Herausforderung zum sportlichen Wettkampf. Da Konfrontation für sie eine gute Möglichkeit darstellt, Kontakt zu schaffen, suchen sie im Umgang mit andern immer wieder das spontane Kräftemessen. Ihre Beziehungen gleichen damit weniger einem harmonischen Miteinander als vielmehr einer ständigen Demonstration der eigenen Unabhängigkeit. Erst durch die klare Abgrenzung von ihrem Gegenüber sind sie in der Lage, sich hinterher um so intensiver auf den Partner einzulassen. Dieses Seilziehen zwischen Nähe und Distanz erleben sie durchaus als stimulierend, und deshalb machen sie ihren Partner selbst bei alltäglichen Streitigkeiten schnell einmal zum Gegner, den es zu bekämpfen gilt. Ebenso schnell können sie sich jedoch nach einer hitzigen Auseinandersetzung mit dem andern wieder zusammenraufen. Die ständig knisternde Spannung kann bisweilen etwas anstrengend sein, erhält die Beziehung aber auch warm und lebendig.

In der Projektion gelebt, ist ihnen Durchsetzungskraft in ihrer eigenen Wesensart unbekannt. Dafür imponieren ihnen Menschen, die willensstark sind und aktiv im Leben stehen, auch wenn ihnen deren rücksichtsloses, egoistisches Verhalten auch immer wieder zu schaffen macht.

Jupiter im siebten Haus

Menschen mit Jupiter im siebten Haus verhalten sich in Beziehungen grosszügig und sind gerne bereit, den andern durch tatkräftige Unterstützung in seiner Entfaltung zu fördern. Den Austausch mit einem Du erleben sie als bereichernd, und das vertraute Zusammensein gibt ihrem Leben mehr Sinn. Sie schätzen es, wenn durch eine Beziehung der eigene Horizont erweitert wird, sei es durch Kontakte zum Ausland oder ein gemeinsames Interesse an inneren und äusseren Reisen. Aber auch ein Zuwachs an materiellen Werten und gesellschaftlichem Status kann bei der Partnerwahl für sie wichtig sein. Mit viel Zuversicht gehen sie auf andere zu und vertrauen stets darauf, dass man ihnen wohlgesonnen ist. Selten mangelt es ihnen an guten Möglichkeiten, einen passenden Partner zu finden, und dadurch bleiben sie auch nach Trennungen meist nur kurze Zeit alleine. Geprägt durch diese

Erfahrung, neigen sie manchmal dazu, etwas vorschnell aus schwierigen Beziehungen auszusteigen, vor allem wenn der andere sich ihnen gegenüber kleinlich und intolerant zeigt oder sie sich zu sehr eingeengt fühlen.

In der Projektion gelebt, ist ihnen Optimismus und Selbstvertrauen als eigener Wesenszug unbekannt. Daher fühlen sie sich zu gebildeten Menschen hingezogen, die Selbstvertrauen ausstrahlen und zuversichtlich in die Zukunft blicken. Gleichzeitig können sie sich aber auch am grossspurigen Auftreten, an der Arroganz und dem übertriebenen Geltungsdrang des anderen sehr stören.

Saturn im siebten Haus

Menschen mit Saturn im siebten Haus sehen in einer Beziehung die Verpflichtung, sich verbindlich und dauerhaft auf einen Menschen einzulassen. Daher prüfen sie lange, bevor sie sich binden, und wirken deshalb auf andere häufig unnahbar oder sogar beziehungsunwillig. Hinter ihrem Misstrauen steckt nicht zuletzt auch die latente Angst vor Verletzungen oder Zurückweisung. Haben sie sich aber einmal auf eine Verbindung eingelassen, sind sie zuverlässige, treue Partner und bereit, auch in schwierigen Zeiten an der Beziehung zu arbeiten. Sie suchen nach tragfähigen Kompromissen, halten sich an einmal getroffene Abmachungen und bemühen sich ernsthaft um das Funktionieren der Partnerschaft. Da sie aus Angst vor Enttäuschungen keine überhöhten Erwartungen haben, ist ihre Frustrationsgrenze entsprechend hoch. Das kann auch dazu führen, dass sie häufig an der äusseren Form einer Beziehung festhalten, auch wenn man sich längst auseinandergelebt hat. Ein Scheitern der Beziehung einzugestehen fällt ihnen weit schwerer, als distanziert, aber korrekt weiterhin miteinander den Alltag zu teilen. Haben sie sich aber einmal von jemandem abgewandt, gibt es für sie kein Zurück mehr.

In der Projektion gelebt, ist ihnen Disziplin und Struktur als eigener Wesenszug fremd. Deshalb verlassen sie sich gern auf seriöse, erfahrene und manchmal auch deutlich ältere Menschen, die sie in ihrer bisweilen strengen Art aber auch als belehrend und gefühlskalt erleben.

Uranus im siebten Haus

Menschen mit Uranus im siebten Haus leben in dem merkwürdigen Widerspruch, gerade im Beziehungsleben ihre Unabhängigkeit und Individualität hervorheben zu müssen. Deshalb suchen sie eine originelle Partnerschaft und legen viel Wert darauf, dass das Zusammensein auf Freiwilligkeit beruht. Sie finden Gefallen an Beziehungsexperimenten jeglicher Art und sind dabei nicht nur äusserst tolerant, sondern oftmals wirklich frei von Eifersucht. So kommt für sie die Wochenendbeziehung ebenso in Frage wie eine Dreiecksverbindung oder eine Partnerschaft mit Rollentausch. Wenn auch weitere Horoskopfaktoren in diese Richtung weisen, sind sie für homosexuelle Beziehungen genauso offen wie für rein platonische Verbindungen, weil sie nicht das Geschlechtsspezifische, sondern der Mensch an sich interessiert. Da sie allzuviel Nähe nur schlecht ertragen, können sie sich auch für ein Singleleben entscheiden, das sie tief in ihrem Innersten selbst in einer festen Beziehung und bei aller Treue letztlich nie wirklich aufgeben.

In der Projektion gelebt, ist ihnen alles Originelle und Unkonventionelle in ihrem eigenen Wesen fremd. Sie bewundern daher Individualisten, die nach ihren eigenen Regeln leben, reiben sich aber auch an deren unangepasster Eigenwilligkeit und erleben immer wieder, wie unzuverlässig und wie wenig beziehungswillig die anderen sind.

Neptun im siebten Haus

Menschen mit Neptun im siebten Haus sehnen sich nach dem Seelenpartner und sind ständig auf der Suche nach der idealen Beziehung, in der sie tiefe, seelische Verbundenheit erleben. Tatsächlich sind sie zu grosser Hingabe fähig und können im innigen Austausch mit einem Du auch höchste spirituelle Erfahrungen machen. Allerdings verschwimmen bei ihnen schnell die Grenzen zwischen Ich und Du, so dass es zu einer symbiotischen Verschmelzung kommt, die auch zu Selbstaufopferung oder Abhängigkeit führen kann. Ihre Tendenz, andere zu idealisieren, macht sie empfänglich für Verführungen jeglicher Art. Nicht selten lassen sie sich mit Menschen ein, die bereits gebunden sind, oder sie schwärmen für Idole, mit denen sie gar nie wirklich in

Kontakt kommen. Zudem führt ihr überhöhtes Bild vom Partner früher oder später unweigerlich zu Ernüchterung oder Enttäuschung. Wenn nach dem ersten Liebesrausch der Schleier fällt und die schmucklose Realität einkehrt, fühlen sie sich einmal mehr um ihr Glück betrogen.

In der Projektion gelebt, ist ihnen alles Irrationale in ihrem eigenen Wesen unbekannt. Sie lassen sich jedoch von Menschen verzaubern, die zwischen den Welten zu Hause sind und sich künstlerisch ausdrücken können. Doch fühlen sie sich durch deren blühende Phantasie häufig irritiert, und die chaotische Lebensführung stört sie ebenso wie deren Neigung, immer wieder vor der Wirklichkeit zu fliehen.

Pluto im siebten Haus

Menschen mit Pluto im siebten Haus suchen den intensiven Austausch mit anderen, was ihre Beziehungen oft leidenschaftlich macht und ihnen eine gewisse Dramatik gibt. Machtkämpfe gehören zum Beziehungsalltag, und extreme Gefühle zwischen absoluter Liebe und abgrundtiefem Hass sind ihnen ebenso vertraut wie das ewige Spiel um Dominanz und Unterwerfung. Ein allzu harmonisches Miteinander macht sie eher misstrauisch und nährt ihre ständige Angst, betrogen oder gar verlassen zu werden. Mit ihrer masslosen Eifersucht können sie sich und anderen das Leben schwermachen, und wenn die Beziehung tatsächlich auseinanderbricht, fühlen sie sich einmal mehr in ihrem Misstrauen gegenüber menschlicher Zuneigung bestätigt. Auch wenn sie das Ende einer Beziehung selbst provoziert haben, können sie nur schwer loslassen. Schmerzvolle Erfahrungen führen sie schliesslich zu tiefgreifender Wandlung und persönlichem Wachstum. Dadurch werden sie mit der Zeit fähig, eine starke, krisenfeste Bindung aufzubauen, die auch für andere in schwierigen Phasen zum Vorbild werden kann.

In der Projektion gelebt, ist ihnen die Schattenseite ihres eigenen Wesens ebenso unbekannt wie ihr Wunsch nach Macht. Deshalb sind sie fasziniert von einflussreichen Menschen, die keine Tabus kennen und kompromisslos im Leben stehen. Zugleich fürchten sie deren Machtanspruch und lehnen deren dunkle, destruktive und extreme Verhaltensweisen ab.

Chiron im siebten Haus

Menschen mit Chiron im siebten Haus leiden unter der Diskrepanz zwischen ihrer Vision von einer idealen Beziehung und der unvollkommenen irdischen Wirklichkeit. Sie erleben immer wieder Verletzungen, wenn sie sich real auf einen Menschen einlassen. Der Wunsch nach einem gleichwertigen Miteinander wird vielfach durch die Tatsache vereitelt, dass sich in Beziehungen früher oder später ein Ungleichgewicht einstellt. Oft übernehmen sie, wenn auch unfreiwillig, innerhalb der Partnerschaft eine Helferrolle, in der sie ihre eigenen Anliegen zurückstellen und sich für den andern aufopfern. Trotz aller Belastung und Frustration halten sie diese Struktur aufrecht, teils aus einer echten Fähigkeit, Dinge so zu akzeptieren, wie sie nun mal sind, teils auch aus Angst, den andern sonst ganz zu verlieren. Es kann auch sein, dass sie sich gar nicht erst einlassen, weil sie sich durch schmerzhafte Erfahrungen in Beziehungen allzusehr verwundet fühlen und nicht wissen, wie man ein gesundes Gleichgewicht zwischen Nähe und Distanz herstellt. Die eigene Verletzlichkeit im Beziehungsbereich verleiht ihnen aber auch besondere Fähigkeiten, wenn es darum geht, andern in partnerschaftlichen Problemen beizustehen.

In der Projektion gelebt, ist ihnen die Fähigkeit, anderen beizustehen und gleichzeitig die eigene Verwundbarkeit zu respektieren, als Wesenszug unbekannt. Sie haben grosse Achtung vor Menschen, die ihre Grenzen akzeptieren und auf persönliche Schwächen bei sich und andern Rücksicht nehmen. Oftmals werten sie dies aber auch ganz einfach als Ausdruck mangelnder Stärke, übertriebener Vorsicht und nichteingestandener Hilflosigkeit.

Lilith im siebten Haus

Menschen mit Lilith im siebten Haus sind in Beziehungen hin- und hergerissen zwischen dem Verlangen nach Nähe und der Angst, dabei ihre eigenen Bedürfnisse verraten zu müssen. Sie fühlen sich in erster Linie sich selbst verpflichtet, spüren aber gleichzeitig, dass sie auf dem Weg zur Ganzheit auf einen partnerschaftlichen Austausch angewiesen sind. So erleben sie sich immer wieder als Opfer ihres brennenden Begehrens nach dem anderen, dem sie sich aber gleichzeitig aus Angst vor vermeintlichen Übergriffen verweigern. Animositäten gehören in diesen Beziehungen zur Tagesordnung. Sie sind Ausdruck für die unbewusste Sehnsucht, der andere möge als Brücke zum eigenen gegengeschlechtlichen Pol wirken, ohne dadurch allzuviel Macht zu gewinnen. Damit erleben sie in ihrem Reifungsprozess stärker als andere die Abhängigkeit vom Du, die sie immer wieder suchen und aus der sie sich immer wieder befreien. Beziehung ist für sie ein Bereich, der sowohl die Verheissung höchster Ekstase und Erfüllung beinhaltet als auch Trauer und Verluste oder grosse Opfer fordert.

In der Projektion gelebt, ist ihnen die Ambivalenz als eigener Wesenszug fremd. Sie sind jedoch fasziniert von Menschen, die einerseits zu ihrer Kompromisslosigkeit stehen und andererseits immer wieder darum ringen, scheinbare Gegensätze miteinander zu verbinden. Deren unberechenbares Verhalten erleben sie aber auch als bedrohlich, und deren Radikalität schreckt sie immer wieder ab.

Aufsteigender Mondknoten im siebten Haus

Menschen mit dem aufsteigenden Mondknoten im siebten Haus sind darauf eingestellt, alles im Alleingang zu bewältigen. Ungern verlassen sie sich auf die Hilfe anderer, und auch für Teamarbeit haben sie anfangs wenig übrig. Die Durchsetzung des eigenen Willens liegt ihnen näher als die Suche nach Gemeinsamkeit. Ihre Tendenz, sich gegen die Bedürfnisse und Ansprüche anderer abzugrenzen, führt dazu, dass sie immer wieder Verbindungen auflösen, die ihnen eigentlich viel bedeutet haben. Meist wird ihnen erst nach der Trennung bewusst, dass sie sich ohne den anderen einsam und unvollständig fühlen. Dann können sie plötzlich auch nichts mehr mit der wiedergewonnenen Freiheit anfangen. Im Laufe des Lebens müssen sie lernen, einen Teil ihrer Unabhängigkeit zugunsten einer echten Beziehung aufzugeben. Wenn sie bereit sind, sich verbindlich auf einen Menschen einzulassen, können sie die Erfahrung machen, dass weder die Rücksichtnahme auf die Bedürfnisse des andern noch die wachsende Gemeinsamkeit für die eigene Individualität bedrohlich sind. Dann erkennen sie, dass erst die Fähigkeit, sich freiwillig anzupassen, letztlich Ausdruck wirklicher Freiheit und einer gefestigten, selbstbewussten Persönlichkeit ist.

In der Projektion gelebt, bleibt ihnen das Beziehungsthema als Lebensaufgabe unbewusst, und sie bewundern Menschen, die sich kompromissfähig zeigen, gut mit andern auskommen und aufgrund ihrer Anpassungsbereitschaft überall beliebt sind. Andererseits werten sie dieses Verhalten als charakterlosen Opportunismus, von dem sie sich klar distanzieren.

Absteigender Mondknoten im siebten Haus

Menschen mit dem absteigenden Mondknoten im siebten Haus tun viel, um von andern geliebt und akzeptiert zu werden. Weil sie Spannungen und Konflikte schlecht aushalten, sind sie schnell bereit, Kompromisse einzugehen. Dennoch erleben sie den Bereich ihrer Beziehungen vielfach nicht als stabil oder harmonisch. Immer wieder machen sie die Erfahrung, dass sie trotz ihrer entgegenkommenden Haltung nicht auf die Unterstützung ihres Gegenübers vertrauen können. Sie finden sich in schwierigen Situationen wieder, wo Entscheidungen getroffen werden müssen, bei denen sie ganz auf sich selbst angewiesen sind. Im Laufe ihres Lebens müssen sie lernen, sich nicht nur nach den Wünschen der anderen zu richten, sondern mutig eigene Wege zu beschreiten, obwohl sie dafür nicht immer die Zustimmung ihrer Umgebung bekommen. Nur wenn sie bereit sind, im Kontakt mit andern auch Ecken und Kanten zu zeigen, werden sie zum fassbaren Gegenüber, mit dem man sich wirklich auseinandersetzen kann. Dann erkennen sie, dass lebendige zwischenmenschliche Kontakte und echte Beziehungen nur dort möglich sind, wo sich jeder seiner Eigenart bewusst ist und seinen Willen klar zum Ausdruck bringt.

In der Projektion gelebt, bleibt ihnen das Thema der übertriebenen Anpassung als Problematik unbewusst. Dafür bewundern sie um so mehr Menschen, die ihren Willen zum Ausdruck bringen und entscheidungsfreudig sind. Andererseits erleben sie deren Direktheit oft als uncharmant und so rücksichtslos, dass sie vor soviel geballter Egokraft lieber zurückweichen.

Vergleich und Kombination zweier Horoskope

Synastrien

Die Synastrie ist wohl die bekannteste und differenzierteste Technik, um das Beziehungsgeflecht zweier Menschen astrologisch zu betrachten. Dabei untersucht man die Aspekte, die sich zwischen den Planeten beider Horoskope ergeben. Technisch geht das am einfachsten, indem man die Planeten von A mit einer anderen Farbe ins Horoskop von B überträgt oder das Horoskop von A als durchsichtige Folie auf das Horoskopbild von B legt. Am auffälligsten sind dabei natürlich die Konjunktionen, die sich dadurch ergeben, dass sich ein Planet von A an derselben Stelle befindet wie ein Planet von B. In diesem Fall treffen zwei Bedürfnisse genau aufeinander, bei denen der jeweils angesprochene Persönlichkeitsanteil durch den anderen Partner direkt berührt und ausgelöst wird. Je nachdem, welche Planeten daran beteiligt sind, handelt es sich dabei eher um konfliktreiche oder unterstützende Aktivierungen, die sich im Laufe der Beziehung auch ver-

ändern können. Zwar kommt der Konjunktion die grösste Bedeutung zu, doch sind auch alle anderen Aspekte, die sich bis zu einem Orbis von etwa 5 Grad zwischen beiden Horoskopen ergeben, für die Partnerschaft aussagekräftig.

Ihre Wirkung ist wie folgt:

Bedeutung der Hauptaspekte bei Synastrien

Aspekte	Bedeutung
☌	Die Konjunktion zeigt, dass zwei Energien direkt aufeinandertreffen, bei denen die jeweils angesprochene Thematik durch den anderen Partner ausgelöst wird. Ob es sich um einen fördernden oder einen konfliktreichen Aspekt handelt, hängt von den Planeten ab, die die Konjunktion bilden.
⚹ △	Sextil und Trigon gelten als harmonische, die Beziehung stabilisierende Aspekte.
☍	Die Opposition ist eine offene, durchaus spannende, aber nicht immer reibungslose Herausforderung, die manchmal auch zur völligen Ablehnung führt.
□	Das Quadrat gilt als der schwierigste Aspekt, weil die beteiligten Prinzipien zunächst als unvereinbar erlebt werden und dadurch innerhalb der Partnerschaft immer wieder zu Konflikten führen. Wird die notwendige Beziehungsarbeit geleistet, sind hier gleichzeitig grosse Bewusstseinsschritte möglich.

Konjunktionen und harmonische Aspekte wirken im Sinne von Vertrautheit und gehen eine Art «symbiotische Einheit» miteinander ein. Dabei wird sich allerdings eine Konjunktion zwischen ähnlichen Planetenenergien (zum Beispiel Mond/Neptun) entspannter auswirken als eine zwischen gegensätzlichen Qualitäten (zum Beispiel Mars/Saturn). In Spannungsaspekten kommt hingegen die Anziehungskraft von Gegensätzen zum Ausdruck, in der oftmals eine Ergänzung erlebt wird. Ob es dabei bleibt oder ob die anfängliche Faszination früher oder später in Feindschaft umschlägt, hängt nicht zuletzt vom Reifegrad beider Partner ab und von ihrer Bereitschaft, sich mit ihren Projektionen und Schattenthemen auseinanderzusetzen und daran zu wachsen.

Beim Horoskopvergleich kommt es aber nicht nur auf die Verbindungen an, die durch einen exakten Aspekt entstehen. Man betrachtet auch die grundsätzliche Vereinbarkeit der jeweiligen Planetenthemen, die sich aus der Zeichenstellung ablesen lässt. Zur Groborientierung kann dabei die Elementenlehre dienen (siehe S. 18) Die Aussagen, die sich über Harmonien und Dissonanzen in wichtigen Beziehungsbereichen aus dem Vergleich der persönlichen Planeten miteinander ergeben, zeigt die folgende Tabelle.

Synastrie der persönlichen Planeten

Planetenvergleich	zeigt Übereinstimmung oder Missklang bei folgenden Themen
Sonne – Sonne	Wesensnatur, persönliche Ziele, individuelle Lebensausrichtung, Selbstausdruck und Selbstentfaltung
Mond – Mond	Gefühlsnatur, Bedürfnis nach Häuslichkeit, Privatsphäre und Geborgenheit, seelische Grundstimmung, instinktive Reaktionsmuster, emotionaler Austausch
Merkur – Merkur	Art der Kommunikation, Gesprächskultur, Denkmuster, Interessen, Mitteilungsbedürfnis
Venus – Venus	Beziehungsvorstellungen, Art zu flirten, Wert- und Geschmacksfragen, Stil, erotischer Austausch, Genussfähigkeit
Mars – Mars	motivierende Kräfte, stimulierende Impulse, Sexualität, Aktivitätsdrang, Art der Durchsetzung, Streitlust, Konfliktverhalten

Bei den langsam laufenden Planeten von Jupiter bis Pluto ist die Zeichenstellung nur wenig oder kaum aussagekräftig für das persönliche Verhalten. Weil sie teilweise viele Jahre in einem Zeichen verbringen, können sie beim Horoskopvergleich nur bei grossen Altersunterschieden bedeutsame Aspekte miteinander bilden, wenn man einmal von der Konjunktion absieht. Um so wichtiger sind aber die Aspekte, die sie auf persönliche Planeten des Partners werfen. Ihre harmonische oder spannungsgeladene Bedeutung findet sich in der folgenden Übersicht.

Die Auswirkung langsam laufender Planeten

Planet	Auswirkung
♃	+ wohlwollend, unterstützend, fördernd, erweiternd, überzeugend, beglückend, ermutigend, euphorisierend – überfordernd, übertreibend, überschreitend, moralisierend
♄	+ stabilisierend, beruhigend, strukturierend, klärend, sichernd – hemmend, einengend, bremsend, einschränkend, bestrafend, entmutigend, belastend
♅	+ stimulierend, beflügelnd, erneuernd, befreiend, erregend, elektrisierend, beschleunigend, überraschend – beunruhigend, destabilisierend, entwurzelnd, verunsichernd, Distanz schaffend, aufregend, störend
♆	+ verzaubernd, berauschend, idealisierend, vereinend, inspirierend, heilend – betäubend, einlullend, trügerisch, verführerisch, schwächend, verunsichernd, verwirrend, ausufernd
♇	+ faszinierend, transformierend, herausfordernd, intensivierend – zwingend, abwertend, einschüchternd, provozierend, beängstigend, übermächtig, tabuisierend

Das Compositoroskop

Das Compositoroskop ist ein «Durchschnittshoroskop», das aus den Halbierungen aller Abstände der jeweils gleichen Planeten und der Himmelsmitten (MC) beider Partner entsteht. Aus den so ermittelten Punkten ergibt sich das Composit als ein neues, gemeinsames Horoskop. Massgebend für die Deutung sind in erster Linie die Häuserstellungen der Planeten und ihre Aspekte, während deren Zeichenstellung eher in den Hintergrund tritt und nur im Zusammenhang mit Transiten wichtig wird.

Die Compositäuser werden ähnlich wie im Radixhoroskop gedeutet.

Je nach Betonung kann daraus abgelesen werden, welche Bereiche innerhalb der Beziehung von besonderer Bedeutung sind und wo die Energien des Paares hauptsächlich zum Ausdruck kommen. Die angezeigten Themen können sowohl innerhalb der Partnerschaft gelebt als auch auf die Umwelt übertragen werden oder auf Kinder, die aus dieser Beziehung hervorgehen. Einzelne Konstellationen des Composits können die Partner auch untereinander «aufteilen». So kann etwa einer die saturnischen Qualitäten übernehmen, während der andere die uranischen Aspekte des Composits vertritt. Wer für welche Rolle prädestiniert ist, kann aus den jeweiligen Radixhoroskopen und aus dem Horoskopvergleich (Synastrie) entnommen werden. Es ist daher sinnvoll, das Composit stets in Kombination mit den persönlichen Horoskopen beider Partner zu deuten. Diese Methode wird nicht nur in der Partnerschaftsanalyse angewandt, sie eignet sich ebenso für Beziehungen innerhalb der Familie sowie für Geschäfts- und Vertragspartnerschaften.

In allen Fällen beschreibt das Composit das eigentliche Thema, das zwei Menschen miteinander verbindet, und zeigt darüber hinaus das Potential, das in ihrer Beziehung liegt und zum Ausdruck gebracht werden kann.

Die Bedeutung der Häuser im Composit

Haus	Bedeutung
1. Haus	Die Wirkung des Paares nach aussen, das gemeinsame Auftreten, Beziehungsdynamik, gemeinsame Durchsetzungskraft
2. Haus	Wertefragen, was wird angestrebt, finanzielle Situation, gemeinsame Geschäfte, Genussfähigkeit
3. Haus	Kommunikationsfähigkeit, gemeinsame Interessen, geistige Affinität, Verhältnis zu Nachbarn
4. Haus	Die Wurzeln der Beziehung, emotionaler Hintergrund, Bezug zu Häuslichkeit und Familie, Wohnverhältnisse
5. Haus	Kreativer, spielerischer Selbstausdruck, Verhältnis und Einstellung zu Kindern, gemeinsame Vergnügungen
6. Haus	Gemeinsame Alltagsbewältigung, Umgang mit Pflichten und Verantwortung, Organisation
7. Haus	Ehe, Fähigkeit zu teilen, partnerschaftlicher Austausch, Ergänzung, Bindungswille, Annäherung

Haus	Bedeutung
8. Haus	Gemeinsame Güter, Sexualität, Leidenschaften, Krisenthemen, Tabus, Faszinationen
9. Haus	Intellektueller Austausch, Überzeugungen, Urlaubstauglichkeit, Moralvorstellungen, Wachstumschancen, Zukunftsvisionen
10. Haus	Gemeinsame Ziele und Pläne, gesellschaftlicher Status, öffentliches Ansehen, berufliches Zusammenwirken
11. Haus	Geselligkeit, Freundeskreis, gemeinsame Interessen und Hobbies, Hoffnungen und Wünsche, Zukunftspläne
12. Haus	Heimlichkeiten, Missverständnisse, unterdrückte Energien, verdrängte Themen, unbewusste Schwachstellen der Beziehung, Verborgenes, Sehnsüchte, ungelebte Möglichkeiten

Das Combinhoroskop

Das Combinhoroskop ergibt sich aus dem Mittelwert der Geburtszeiten beider Partner, berechnet auf den geographischen Punkt, der die Mitte der beiden Geburtsorte bildet. Dieses Partnerschaftshoroskop entspricht damit gewissermassen einem gemeinsamen «Beziehungsgeburtstag».

Das Combinhoroskop ist eine neuere, noch wenig verbreitete Berechnungsmethode innerhalb der Partnerschaftsastrologie. Deshalb gibt es bislang auch weder viele Erfahrungswerte noch systematische Beschreibungen über seine Deutungsmöglichkeiten. Grundsätzlich kann aber gesagt werden, dass das Combin etwas über die Zeitqualität der Beziehung aussagt und damit über die Thematik, mit der sich das Paar in einem bestimmten Zeitabschnitt auseinandersetzen muss. Deshalb wird es hauptsächlich für Aussagen über zeitliche Auslösungen herangezogen. Dazu können sämtliche astrologische Prognosemethoden wie Transite, Progressionen, aber auch das Solarhoroskop für das Combinhoroskop angewendet werden.

Benutzte und empfehlenswerte Literatur

ADLER, Oskar: *Das Testament der Astrologie* (4 Bde.), Hugendubel, München 1991–93.

ADLER GRAL, Jessie: *Unser innerer Geliebter. Anima, Animus, der Schatten und das innere Kind in Liebesbeziehungen,* Edition Astrodata, Wettswil 1995.

ARROYO, Stephen: *Astrologie, Psychologie und die vier Elemente,* Hugendubel, München 1982.

BANZHAF, Hajo: *Der Mensch in seinen Elementen,* Goldmann, München 1994.

BANZHAF, Hajo, THELER, Brigitte: *Du bist alles, was mir fehlt,* Hugendubel, München 1996.

EICHENBERGER, Brigitte: *Astrologie-Fibel. Ein Wegweiser für Laien,* Edition Astrodata, Wettswil 1995.

EICHENBERGER, Brigitte: *Prognose-Fibel. Die astrologischen Methoden der Vorausschau,* Edition Astrodata, Wettswil 1998.

GREENE, Liz: *Kosmos und Seele,* Krüger, Frankfurt/M. 1978.

HALL, Judy: *Seelenpartner,* Edition Astrodata, Wettswil 1998.

KLEIN, Nicolaus: *Partnerschaft im Horoskop,* Hugendubel, München 1992.

JUNG, Emma: *Animus und Anima,* Bonz, Fellbach 1983.

RIEMANN, Fritz: *Lebenshilfe Astrologie,* Pfeiffer, München 1976.

THELER, Brigitte: *Astrologie Heute Magazin,* Ausgaben Nr. 51, Nr. 52, Nr. 64, Nr. 65, Zürich 1994–97.

SASPORTAS, Howard: *Astrologische Häuser und Aszendent,* Knaur, München 1987.

WEISS, Claude: *Horoskopanalyse Bd. I – Planeten in Häusern und Zeichen,* Edition Astrodata, Wettswil 1992.

WEISS, Claude: *Horoskopanalyse Bd. II – Aspekte im Geburtshoroskop,* Edition Astrodata, Wettswil 1992.